「燃灯者」邹碧华

李泓冰 郝洪◎编著

上海人民出版社

你 和 我

唐海琳

2014 年 12 月 10 日早晨你倦意未消有点赖床，被我叫起才迅速整理吃完早饭，我们像往常一样一起匆匆离开家里，开始一天忙碌的工作。这阵子你为上海试点司法体制改革方案殚精竭虑，从不叫累的你也说有点累，我也是忙着年终资产保全指标的冲刺，出差或是会议排的满满。望着你明显消瘦的背影，我忍不住疼惜。你总是精力充沛、乐观豁达，每天有使不完的劲，开会、看书写稿、自制 PPT，做演讲、给带教的学生修改论文，还跟我一起去家旁的学校操场跑步。儿子 21 岁生日刚过，你给儿子说起你自己 21 岁大四寒假在上海求职时度过的，你用自己的经历和奋斗向儿子传递了关怀和爱……下午当我接到李师傅电话说你在瑞金医院急救，我根本无法相信自己的耳朵，我向老天祈求你身体好着呢，能够挺过来的，就算给一个严重警告，会重新健康的，又会显现出那个熟悉的淘气的笑容。我不知道自己是怎么跌跌撞撞地赶到医院，可是任凭我痛彻心扉的呼唤，你却狠心地双唇紧闭，眼角的泪花永远地定格在我的记忆中。

6 月底，当我结束在外一个月余的培训回到上海，应高院的安排我去整理你的办公室,和家里一样,你的桌上桌下堆满了书和稿子,每触碰一本书、一个挂牌、一份稿件哪怕是一个书签,都会让我联想和回忆。你不告而别,我至今不想整理家,你的书房、你的物品,只愿按着你走那天的样子,我曾经抱怨你将家里摊的到处都是书,而今我只想留存那份气息。你撒手而去,带给我们深深的痛苦和无尽的思念,你一定在天上注视我们,好好的生活下去你才放心,我在心里默默地无数遍的答应你,你感觉到了么。

你走后许多领导、同事、同学、学生、法律界同行等都深表惋惜,提到了你许多细节趣闻我甚至也是第一次听说,现在却成为无法考证的回忆。我俩在十七八岁青春年华相识于未名湖畔,你给我的初始印象是一个瘦瘦高高的阳光男孩,在我们6班群体中以文体好见长,不太用功有点淘气。我们是怎样地坠入爱河这已成为公开的秘密,三十年来我们都成为对方生命的一部分,走过青春,经历磨合,穿越时光隧道,我们相拥人到中年,因为操劳白发悄然越上你的两鬓,不过你成熟、干练、自信、智慧的光芒也愈加迸发,大男孩慢慢变成老男孩更具风采。

夜阑人静时,我常常在心里呼唤你,想告诉你的事太多太多。习近平总书记给你至高评价,他的批示我一得到就念给你听了。中组部、中宣部、最高人民法院、上海市委分别授予你最高荣誉,你的事迹被人们颂扬着。以前还有点任性孩子气的儿子在你突然走后瞬间懂事,坚强地担待这巨大的变故,他真的成为你一直叫唤的"大风"。我年初六因为踏空楼梯意外摔伤，又经历一次铭心刻骨之痛，好在法院和建行的领导、同事、朋友和医护人员真情关爱，帮助我走出困境。

7月一场台风与上海擦肩而过，窗外风雨交加，此刻逸风正在参加迪士尼乐园的培训生学习，我独自坐在书房默默凝视着你的相片，脑海里三十年曾是多么美好的回忆，也不乏有磕磕绊绊。我曾经抱怨你就忙着自己学习，忙着工作忙着读书忙着带教学生，花在家里的时间太少，教育儿子花费精力不够……你走后我抱怨自己了，我为什么疏忽了你的心脏疾病信号，我怎么就不勒令你放下工作，押解你去医院就诊，哪怕是上午去也有救了。你勇往直前、义无反顾地为挚爱的法制事业奋斗到最后一刻，你实践了你的诺言，可你怎么舍得把痛苦留给我啊。

最后我要感谢人民日报将你的事迹集结成册，感谢受访者提供大量鲜活的采访素材，感谢各位领导、同事、同学、朋友的关爱和深情回忆，感谢李泓冰、郝洪两位女士的辛勤劳作，勾勒出一个真实、生动的邹碧华呈现给大家。谢谢你们，我爱你们。

唐海琳

2015 年 7 月

"燃灯者"邹碧华

> 深化司法体制改革,加快建设公正高效权威的社会主义司法制度,维护人民权益,让人民群众在每一个司法案件中都感受到公平正义。
>
> ——中共十八大报告

大道煌煌,法如青天。一灯如豆,汇作汪洋。

有数千年人治传统的中国,曾是距离法治最为遥远的国度。中央正将全面依法治国坚决锲入国家治理基石,以大刀阔斧、时不我待的节奏,迅速推进司法体制改革,为国人筑起捍卫人权、捍卫公平正义的安全屏障——这是一个足以让法治史家激动、让亿兆百姓受益、让人民共和国永续的重大转折。

转折中,有"燃灯者"邹碧华用生命迸射的一线微芒。

司改之碑,足耀千秋;而司改之难,超乎蜀道,需要志士仁人戮力担当——西当太白有鸟道,可以横绝峨眉巅。地崩山摧壮士死,然后天梯石栈相钩连。

令人扼腕痛惜的是,志在横绝峨眉的壮士邹碧华,不幸累倒在钩连司改天梯的中途……

2013年底的一个秋日，刚调来上海不久的上海高院代院长崔亚东，约谈副院长邹碧华，派给他一个活儿：即将成立的上海司法体制改革领导小组办公室主任，工作重点是结合中央、市委、最高院要求，参与制定上海法院整体司法体制改革方案。邹碧华听了，神色一凛："这活儿分量重，不好干啊！"崔亚东深深地看着他："你能行！"

此后的一年，邹碧华把自己绑在日夜疾驰的司改战车上，心魂相守，殚精竭虑。全国司改，选择上海率先试点，前无古人，后有来者。党的十八届四中全会擂响依法治国、依宪治国的鼙鼓。

不用扬鞭自奋蹄。对司法体制改革早有心得，甚至早有局部实验的法律人邹碧华，一直在心心念念地等待中国司改的这声鼙鼓。邹碧华全部生命47年的所有力量、所有积累、所有智慧与知识储备，仿佛都在等待这一刻，喷薄而出，绽放出绚烂的光华。

……

2015年2月26日，春节长假刚过，中国最高人民法院公布《最高人民法院关于全面深化人民法院改革的意见》，其65项司法体制改革举措，也凝聚着法官邹碧华的心血和智慧。他本该遍邀同道，以酒相贺，快何如之！

然而，此时此刻，邹碧华已经成为彼岸不灭的灵魂，他穿越黑暗，穿越死亡，穿越疼痛和疲惫，独自在彼岸轻扬微笑……

目　录

引 子

「燃灯者」邹碧华

一个法官的猝死，惊痛了天下

曾经的国家三级运动员邹碧华，一向对健康很自信。他喜欢健身，身材挺拔，还时常劝告亲友要注意运动。这位壮实健硕的上海高院副院长临危受命，浑然忘我，休息与健康从此置之脑后。没有想到，死神就在2014年底那个阴郁的下午等待着他……

且让我们把时钟拨回到他生命的最后三天，那是典型地诠释了他浓缩生命的三个日夜——

12月8日，周一。上午7时30分，邹碧华准点出门。当天，分管司法体制改革的他，要主持召开上海高院司法体制改革办公室专题会议。

"会议主要讨论如何科学合理计算法官工作量及质效。"上海高院司改办副主任张新回忆，"邹院长让我们将上海4家试点法院所有法官5年来人均办案量梳理一遍，单看办案数量不行，还要计算案件质效。"

这是为细化法官员额制改革方案做准备。法官要压缩到33%，很难。邹碧华曾对最高法院法官何帆说："避免搞'一刀切'，不能为了图省事，就'欺负'年轻法官，将助理审判员'就地卧倒'转为法官助理，一定要有科学考核标准，让真正胜任审判工作的优秀法官进入员额。"

邹碧华深知："改革，怎么可能不触及利益，怎么可能没有争议。对上，该争取时要争取；对下，该担当时必担当。"

6年前，邹碧华任上海市长宁区人民法院院长，让时任法院信访办主任的滕道荣抓信访改革，每月做投诉率分析。"这不得罪人吗？"滕道荣有顾虑。邹碧华说："我们的产品是司法公正，产品质量出问题，总得找原因，怕什么？"

12月9日，周二。上午，高院党组会议；下午，司法体制改革座谈会。"邹碧华从下午2时一直讲到5时。"张新说。

在中央统一部署下，作为司法体制改革首批试点地区的上海，相关改革方案全国瞩目。如何为全国司改担当探路先锋？上海司改何处着墨？如何从基础性建设做起，防范可能存在的"系统性风险"？每谈及此，邹碧华总是充满激情。上一个周日的华东政法大学司法学论坛、半个月前的全国律师协会民事专业委员会2014年年会，邹碧华都精神抖擞、妙语如珠，生动地介绍上海司改进程，谈司法公开，谈审判流程信息化……

"他就像一个孜孜不倦的改革布道者，"张新说，"可是这几天他确实累了，不得不调整了作息，晚上1时就睡下，比平时提前了一小时。"

这一天的11时45分，邹碧华在微信朋友圈转发了一条上海法院律师诉讼服务平台刚刚上线运行的新闻。当然，他并没有说明这是由他主导推动的，只留下他在微信朋友圈的最后一句话："希望让律师的执业环境越来越好。"

这最后的留言，勾起许多律师的伤感。

"2010年，他推动在上海市长宁区法院出台《法官尊重律师十条意见》，"傅平律师说，"他还写过《法官应当如何对待律师》，阐述法官、律师职业共同体建设对中国法治的重要性。"

12月9日晚,他一如往常加班到9时才回家,又一头钻进家里那个由走道改建的小书房,准备次日的工作。妻子海琳提醒他,今天是儿子逸风的21岁生日呢!他面带歉意地从电脑前抬起头,赶紧给上大学的儿子打了个电话,笑着谈及自己21岁北大毕业到上海找工作的情景,"除了你妈妈,我谁都不认识,住在纺大学生公寓,一家家单位投简历……"次日,逸风悲痛地在微信朋友圈上写道:"爸爸还说,这里面有很多故事,下次有机会要和我细说,没想到却成了永别!"在儿子的镜头中,家中的书房有三面书墙,桌椅旁堆了满坑满谷的书。勤奋的邹碧华将审判实务和理论研究相结合,撰写了《要件审判九步法》、《公司法疑难问题解析》、《基层法院可视化管理》等10多部著作,其中《要件审判九步法》成为全国民事法官和律师办案的重要指引。

零时,他对海琳说了句"好累",便一头扎进梦乡。这比他平时入睡时间早了两三个小时。

12月10日,周三。邹碧华忙碌如常,上午参加上海司法体制改革座谈会,匆匆吃过午饭,便乘车前往司法体制改革试点单位徐汇区法院,一场司改座谈会在等待着他。不料,一阵剧痛击中他的心脏,他软软地倒在后座,顶住意识的涣散,让司机打了个电话给上海高院政治部主任郭伟清请他替代出席下午的会议。

当司机老李载着邹碧华赶到瑞金医院，他已无力举步……他的生命，在 17 时 20 分定格。

15 时，长宁区法院少年庭法官顾薛磊发了条短信给邹碧华，感谢他对自己参加"上海十大杰出青年"评选的指点。

然而，他永远等不到回复了。

11 月 14 日，邹碧华为顾薛磊鼓劲，让小顾刻骨铭心："他说起，母亲一句'你要做个有良知的法官'，激励了他一辈子。2006 年，邹院长入选'上海十大杰出青年'，演讲题目就是《做有良知的法官》。"

在心里说"谢谢"的，还有邹碧华指导的研究生夏关根："我曾问过老师，为什么从不抱怨？ 他说，一个人有了信念、信仰，就不会觉得委屈。"

邹碧华的信念是什么？

在接受一家杂志采访时，他说："很多人都抱怨司法不完善，在抱怨别人时，可能自己写的那个判决书也不那么完美。与其抱怨，不如做好手中的事。每个人都是历史，如果每个人能让自己完美一点，历史也会完美一点。"

让我们再一次回到那个沉痛的下午。他的猝然离世，惊痛了他的亲友，也意外地惊痛了天下关心司法体制改革的人们。

上海高院院长崔亚东接到报告邹碧华突然病重的电话，惊怒道："胡扯嘛，什么重病，上午还好好的！"他第一个赶到医院，看到曾经生龙活虎，每天在食堂都坐在他左侧、胃口好得惊人的碧华，正被几个医生围着做心脏按摩。主治医生冲着他摇了摇头，"通知家人吧!"崔院长顿时泪流满面，不敢相信:碧华碧华,那天他们拿来接待调研团报告,我一看又是你做讲解,还忍不住说,不要把他累垮了啊!举笔停了半晌,可是说司改你是不二人选啊,还是咬咬牙写下你的名字。你是太累了,我内疚啊!

郭伟清也冲向医院,他握着邹碧华冰冷的手,自己也抖个不停:碧华,你怎么突然就"不辞而别呢"?司改正在关键时刻,有太多艰难而敏感的问题,缺不了你的智慧啊!

邹碧华的爱妻唐海琳和儿子跌跌撞撞地来了。她的天塌了!碧华啊,你昨晚回家路上来电话,让我照例泡杯好茶给你,我心疼地赌气:又这么晚回家,得罚,不给你泡茶了!你笑着"威胁":"嘿嘿,你要后悔的哦!"早上你如此疲惫,我叫了好几遍才醒来,为什么我没能察觉你的反常啊!碧华碧华,我等得到和你一起出门,为什么却等不到你回家!求你醒过来,我给你泡一杯酽酽的铁观音!我们这么要好,怎么分得开?!我和儿子都这么需要你!

邹碧华的老父老母互相搀扶着来了。他们难以置信,爱子怎么可能在有阳光的时候这么安静地躺在床上?"儿子啊,妈妈每天起夜,都看到你小书房的灯亮着,你总在书天书地中读着写着想着熬着,我总是叫你:碧华快睡哦!你也总是回我,妈妈你先睡,我就好了……现在才下午,你怎么这么快就'睡'了啊!你弟弟刚送来你最爱吃的石榴,妈妈帮你剥了一碗,等你回来吃呢!爸爸刚刚出版的版画集,你自告奋勇代作长序,你说'木刻刀在木板上发出的"哗哗"的声音'，让爸爸感到'一种极其独特的快乐'，你是爸爸的知音啊，怎能如此突然带走爸爸的快乐！不是说好了，忙过这阵，春节一定陪我们回江西奉新老家的吗？"

江西宜春。他的高中同学、宜春中学老师帅光明乍闻噩耗，痛哭失声：碧华，为了勉励后学，我请你给实验班学生写些鼓励的话，没想到你那么认真，不但熬夜做了几十页漂亮的课件，从享受快乐学习到用老子"致虚极，守静笃"来诠释专注力，你那句"可以开始向大家收费啦，不过，考虑到帅老师跟我关系不错，而你们跟帅老师关系不错……嘿嘿"，还配上一个咧嘴大笑的猩猩图，让全班好欢乐。上一个周末，你还给我的学生远程在线授课。早知你这么累，我不该如此麻烦你啊！你知道吗，全班同学闻讯都哭作一团……

江西奉新。高中班主任刘屏山年近八旬，还患有尿毒症，家人一直瞒着这个噩耗。一周后，有朋友给他一份 12 月 17 日的《人民日报》，头版头条竟是《担当，改革者必须的修行——上海法官邹碧华生命的最后三天》。刘老师看了嚎啕大哭：碧华啊，早年我和家人路过北大，你留我住宿好几天，对人说我是你父亲，我说你如此高抬老师，愧不敢当啊！几年前，我去上海看病十几天，你和同学帮我安排得妥妥帖帖，还每晚都到医院看我。几天前你还电话向我问安——你怎么走得这么急！你让我体会到颜回之死给孔老夫子的沉重打击了，"天丧予啊！我这行将就木的老朽，老天留我何用？为什么不让我替了你走！"

广州。邹碧华的北大同窗姚真勇傍晚刚到家门,便听到同学来电中的哭声。他哆嗦得半天找不到门钥匙,他不能相信:好朋友碧华身体这么好,我们北大法律八四级 180 多个同学,没几人的体质能和他媲美啊!他一夜无眠,怆然写下:"《九步法》已成绝唱,《澎湖湾》何人再弹?三十载情义家园,忍惊梦燕园沪上!"

北京。下午 4 时不到,最高人民法院司法体制改革领导小组办公室主任贺小荣和司改规划处处长何帆,结束在国家法官学院的司改座谈会,准备返回。何帆拿起手机,习惯性地点开一个法官微信群,惊叫了一声"啊?!碧华去世了!"他顿时语带哭腔。确认消息后,贺小荣和何帆呆立路旁,心中绞痛得说不出话来。"他是累死的,肯定是累死的!"这句话在贺小荣心里翻腾。傍晚,贺小荣发了微信朋友圈:"邹碧华,上海法院司法体制改革方案的设计者和实践者,全国法院司法体制改革领域的一位智者和勇士,今天下午永远累倒在自己的工作岗位上。有多少方案需要数据支撑,有多少强权部门需要沟通求情,有多少冷嘲热讽需要自己一人面对,有多少酸甜苦辣需要自己慢慢品味……碧华走了,留给我们的太多太多……"

夜深人静,何帆敲下一篇长文,发在公众号"法影斑斓":《追忆老友邹碧华:搞改革,就不能怕背黑锅》。两天后,这篇文章的打开率竟高达 40 万!平时公众号最受欢迎的文章,打开率也不过十几万。连何帆自己也深感惊异:碧华,你看看你的魅力!

那一夜,邹碧华的很多同事,都在他家的楼下哭着徘徊,不忍上楼,也不忍离去……

"与其诅咒黑暗,不如点亮光明"——邹碧华好友、东莞法院的陈葵用"燃灯者"形容邹碧华。是的,几乎每一个和他有交往的人,都得到过他的光和热。

追悼会上,内蒙古律师协会会长巴布泣不成声,回忆起邹碧华为内蒙古律师办案排忧解难;一位与邹碧华素昧平生的河南律师,专程赶来参加追悼会,就因为"他的眼睛里有我们律师";湖南律协在全省新律师培训课上播放邹碧华纪念专辑,近千人起立致敬;北京召开"法律互联网的未来"论坛,高校学者、律所管理者、企业法务负责人、互联网领域专家等各界精英为邹碧华集体默哀;全国律师运动会召开,全场为邹碧华举哀。网上哀思很快溢出司法界,两天中,有十万人在网上留言同哭邹碧华……

人们期盼却尚难相携的"法律职业共同体",因为一个法官的去世,神奇地在各种自发悼念中若隐若现。

灯火常在,行者不孤。

一个法官之死,瞬间引爆如此澎湃的悼念,堪称"邹碧华现象"。在已成舆论焦点的政法系统,在权与法胶着较量的领域,在司法体制改革艰难推进的此刻,在法官与律师时时尖锐冲突的现实中,一个重量级的法官、一个重要岗位的领导干部,能够凝聚如此强大的共识,多么弥足珍贵。如同何帆所说:"他以自己的远见卓识、法律素养和对司法事业的热忱,赢得所有人真诚的敬意。即使在一个众声喧哗的时代,一名追求卓越、敢于担当的法官,仍然是受到众人尊重的。"

对法官邹碧华的哀悼,源于国人对中国司法体制改革的强烈期待。就在他逝世前后,内蒙古呼格冤案举国关注。一个国家的公正司法,是百姓最后的安全底线。作为全国司法体制改革的率先试点城市,上海倍受关注。而身为上海司改操盘手之一的邹碧华,以一个改革者的坚忍形象骤然离世,使他生命的最后一瞬,宛如时光王冠上的隋珠和璧,陡放光华。

他说过的话和他做过的事,堆叠出这位法官生命的重量,越来越多的人们,听到了他的掷地有声:

> 改革这种事情一直是一点一点往前拱的;
>
> 背着黑锅前行,是改革者必须经历的修行;
>
> 律师对法官的尊重程度,表明一个国家法治的发达程度;而法官对律师的尊重程度,则表明这个社会的公正程度;
>
> 哪儿有把船划到江心就弃桨投江的道理,走上这个岗位,就得承担起这个岗位的使命与责任,这是我们"60后"法官该有的担当。

这位出生于江西奉新、成长在北大燕园、成就于上海高院的法官,其一以贯之、百折不挠的担当精神,是如何形成、又如何流布的呢?探寻一个江西农村山里娃成长为屹立司改潮头"燃灯者"的因果,并不仅仅关乎对一个人的评价,更能够掂出时代进步的力量和中国前行的希望。

一

这伢子仗义

『燃灯者』邹碧华

20 世纪 70 年代初,挟"无法无天"之势的"文革"风暴,正轰轰烈烈地席卷中国。而在偏僻的赣西北,大山这一边有处小小村落——江西奉新县塘下村,倒是远离政治风暴中心,虽然穷困,却也有些许桃花源的单纯与宁静。

邹碧华的家乡,是江西省宜春地区的奉新县。这是个吴头楚尾的山区小县,如今不太知名,早年却大有来头,原是个腾蛟起凤、藏龙卧虎的所在。两千多年前,就设了县治,那是汉景帝三年,起初叫海昏县,又过了一千年,在南唐时候,为了表示"弃旧迎新"之意,改名奉新。

汉代的时候,这里属豫章郡,就是初唐才子王勃那篇大名鼎鼎的《滕王阁序》开篇第一句说的"豫章故郡,洪都新府"。雄州雾列,俊采星驰,这里"襟三江而带五湖,控蛮荆而引瓯越",自古以来,就有物华天宝、人杰地灵之美誉。比如,奉新有个百丈山,向有"仙源灵境"之称,那是中国佛教禅宗的古寺之一,至今山石上还勒有唐代大书法家柳公权往访百丈寺留下的墨宝:"天下清规"——该寺正是"禅林清规"的发祥地。据邹碧华的好友帅圣极说,邹碧华念叨过几次,想去百丈山看看这"天下清规",志在参与以法治规范天下,想必对源出家乡的这四个字别有感触。然而每当要成行时,便有他事相扰,两相暌违,终成憾事。

"千岩万壑不辞劳,远看方知出处高",品味着当年黄檗禅师与唐宣宗在百丈寺吟对的诗句,我们走进奉新的小村塘下,试图追寻邹碧华的"出处"。

和中西部很多乡村一样，今天的塘下，仍是一个远离现代化的喧嚣、在满目盈盈绿意中瑟缩的荒寂空村，鲜有青壮，唯余老幼。闻讯而来的乡亲们，几乎都是翁妪。邹碧华昔日住过的房屋，也变成了一片稀疏的芥菜田。老人们絮絮地竭力追念着那个曾经在稻田里、水塘边流连嬉戏的小伢子，互相补充着浅淡的记忆，他们用最朴素的热忱，惋叹着这个"有出息的伢子"，怎么走得这么早……

此情此景，让人忍不住想起了王勃在离此不远的滕王阁上写的诗：

闲云潭影日悠悠，物换星移几度秋。阁中帝子今何在？槛外长江空自流。

我们一边环顾四周，一边倾听塘下老人的回忆，想象着邹碧华简朴干净的童年……

稻田里一片金黄，掩住了赤壤的红色。尽头，是一簇簇蔫头耷脑的土房子，一间轩敞的祠堂鹤立其间，传出孩子们咿呀的读书声。四望皆坡，林木翁郁，小男孩的视线飞不出去——这便是奉新县罗塘公社（现为赤田镇）巴掌大的塘下村。

5岁的碧华，穿着一身灰扑扑却针脚齐整的土布衣衫，从小土屋蹦跳着往外跑。他自出生就看熟了眼前这一切。新鲜牛粪和晾晒芥菜的味道，被阳光簸扬在空中。和小伙伴们玩了半晌，他有些饥肠辘辘，但他看看日影儿，就知道还没到饭点儿，于是便走到两条逼仄的村路交错的拐角处，习惯地坐到一块U字形的青石上，晃荡着两条小腿儿东张西望。

至今上了岁数的乡邻,还都记得他喜欢坐在这块青石上,"小小的伢子,坐在这里,一坐就好几个时辰"。坐在这里,视野能照顾到两条小径,眼前是一片色彩斑斓:白墙黑瓦的祠堂,黄色的土墙,红色的土壤,金色的稻谷,绿色的菜畦,青色的池塘,还有白的猪、黑的牛以及杂色的鸡鸭。可以看村人荷锄来去,看老牛慢腾腾踱向田间,看鸡们犀利地从草间叨起一条肥虫……

更重要的,这两条路不但能延伸小男孩的各种奇思怪想,每次爸爸妈妈来看他,也会从这条路上走来。他太想第一眼就能看到爸爸妈妈了。在县文化馆当电影放映员的爸爸,在养猪场打工的妈妈,还有他和弟弟,一家子分在三处。男孩很想妈妈。

他一眼瞥见比他大1岁的小姨,拎着一包书本走进祠堂,立即跳下青石,尾随而入。跟着小姨在小学偷"师",是寂寞的男孩一大乐事。一、二、三年级的孩子,都挤在一间房,老师也顾不上甄别。老师叫小姨站起来念课文:"爷爷7岁去讨饭,爸爸7岁去逃荒。今年我也7岁了,高高兴兴把学上。"小姨念到"爸爸7岁去——"歪头看看,有些迟疑了,小碧华则快嘴接过,"去逃荒",就和大孩子们一起,哗啦哗啦笑作一团。

点灯时分,野在外面大半天的碧华,才蹦蹦跳跳地回家。各房里的炊烟袅袅升起。一位舅公叫住他,塞给他一小包炉灶里刚刚焐香的花生。

摇摇晃晃的这群土房子,厝居着9家人。碧华、弟弟和他们的哑巴外婆,就在过廊隔出的耳房里,除了一张床、一个尿桶,几乎啥也放不下了。

村里的人都叹息，外婆苦命，天生不能说话。嫁了一个当兵的青年，却死在了兵荒马乱的年月。外婆年纪轻轻守了寡，守着独生女儿苦撑苦熬。女儿长大了，出了门子，在电影院当清洁工的时候，和电影院放映员、一个爱画画的邹家小伙子互相喜欢上了。他们婚后生下个大眼睛的娃娃，有文化的女婿给外孙取名碧华——哑外婆并不明白，这名字代表"碧丽中华"的深意。因为女儿女婿得工作挣钱，不能分身照顾孩子，就把碧华送到了塘下的外婆家，碧华的二弟出生没多久，也送了过来。

外婆留在乡邻记忆中的影像，永远都是在灯下捻着一根针，飞针走线给人缝制衣衫。外婆虽哑，"人却好聪明的"，不管怎样的衣衫，她只消望上一眼样衣，或听人描述想要的式样，低头琢磨一会儿，便点点头，收下活儿。第二天就能把衣服做出来上身，款式规整、针脚细密，熨贴得和城里商店买的没啥两样儿。那时候可没什么缝纫机，外婆就靠着一双巧手缝缝补补，做一件新衣，手工钱也就收个块儿八毛的，让小碧华虽吃不太饱，却也有力气四处疯跑。

外婆给小碧华盛了一碗稀稀的、撒了盐巴的芥菜煮饭——这是那个年月，塘下的乡亲最常见的"菜谱"。碧华大口吃着，看到刚吃完的弟弟还眼巴巴地望着自己，忍不住就往弟弟的嘴里也喂了几口，又把舅公给的花生剥开，递给弟弟。

外婆停住针，看着碧华，心里很暖：这伢子仗义。"仗义"、"聪明"，是塘下的乡邻们对小小的碧华最一致的记忆。

这个生于 1967 年的小男孩,有着贫困的童年。但是,外婆的慈爱、父母的辛劳、乡邻的善良、田野的自由,以及中国传统中珍藏于乡野的礼义廉耻,为他打好了健康人生的阳光底色。他在红土地上奔跑着长大。日后,他最爱唱《外婆的澎湖湾》,那是唱给他最亲爱的外婆的,虽然她永远也听不见……

6 岁的碧华,终于被父母接到奉新县城,读小学二年级。

县城很小,两条街从这头喊一声,那头就兴许听见了,谁和谁都拐着弯儿地互相认识,邹家这位从乡下回来的大小子的顽皮,也很快便街知巷闻。

和不说话的外婆相处经年,小碧华的口齿一度不甚利落,到了奉新的小学,不免被同学笑话。这个要强的伢子,在和男娃们的斗嘴中,很快变得伶牙俐齿。每天撑到下课,碧华便和一群淘小子冲向环小城而过的潦河,那清亮亮的河水,不但让小城有了灵气儿,也盘绕出男孩子们的天堂。他们扎猛子,捉鱼,比赛游泳。

唯一能让碧华安静下来的,是看爸爸邹连德画画。爸爸的美术才能被发掘出来,领命四处去画毛主席像。有时候要搭着梯子一画几天,这活儿不容有失,否则全家都得遭殃。邹爸爸在梯子上画,碧华坐在下面入迷地看。晚上在家,爸爸画竹子、春花、农舍,碧华也学着涂鸦,寥寥几笔倒颇有灵性。为了让儿子有个一技之长傍身,日后成为著名版画家的邹连德,开始教儿子画画。

很快人们就发现,邹家淘小子有鬼聪明:画画传神,唱歌有金石之声,水性好,跑得快,还无师自通地学会了跳高、跳远,经常代表学校去地区、去省里参加田径比赛,拿回不少奖杯奖状,不但是奉新男生们的骄傲,还获得了国家三级运动员的称号。至今,他还是奉新一中跳远纪录的保持者。

然而,碧华进了奉新一中,还是一如既往地淘气。

邹连德却对这个聪明的大儿子另有心思。从江西返京的邓小平复出了,高考恢复了,科学的春天来了,《人民日报》也说要"尊重知识,尊重人才",国家要用知识分子了——大儿子资质不错,有望读书成才。

谁知班主任找上家门告状了。碧华和几个男生晚自习逃课,不知溜到哪里去蹭着看电视剧《加里森敢死队》了,考试成绩居然年级倒数第一。失望的邹爸爸胖揍了儿子一顿,罚他长跪不起,并向儿子痛陈了一番用功读书对家与国的意义所在。这或许是爸爸第一次和儿子严肃的人生"对话",不但让邹碧华幡然醒悟,也给他的老师们留下深刻印象。刘屏山老师叹道:"碧华有出息,真要感谢他爸爸,要紧的时刻,老邹对儿子要求严的。"

后来,邹爸爸要求老师给碧华换了个班,把他和一群顽童隔离开来。他拿回一套十来本的《数理化自学丛书》,郑重地对儿子说:这书,全县只有三套,爸爸专门为你买的,你要好好用功!对于要养三个孩子的父母,能挤出钱买这套在当时颇为昂贵的教辅书,碧华深知父亲对自己期望殷殷。

碧华开始发愤,并且琢磨学习方法,学习成绩扶摇直上。比如,每次考试之后,他会去教务室再要一份空白卷子,回家再做一遍,不但纠错,也寻找更巧的解题方法。高中时,他常跑到刘屏山老师家请教古文。刘老师发现,这个全班年龄最小的学生,对古诗文的理解常有新异想法,不由非常喜爱,便将学问倾囊以授。高考前夕,碧华向刘老师夸下海口:"我要考北大!"愈发玩命用功。

1984年8月,高考成绩全县第二的邹碧华,举着北京大学用牛皮纸信封寄来的录取通知书,冲向刘老师报喜,师生二人欢喜地抱在一起,大笑大叫。这个淘小子迅速成为奉新县城新励志故事的主角,并且流传至今。毕竟,之后的30年,这个县城能考进北大的孩子,也数不满一个巴掌。

看着录取通知书上"经济法专业"几个字,淘小子其实对此一无所知。仅仅因为老师说过,咱国家要以经济建设为中心了,碧华便在志愿上统统填了和经济沾边儿的专业。没有想到这个"乌龙",却让他与法律缘订三生。

要是没有父亲的胖揍,没有老师的"小灶",没有科学春天重新光顾中国,邹碧华恐怕很难走出大山,走到北京,走到大上海,走出自己的一片法律天空。

行前的暑假，碧华打了十几天零工，顶着酷热的日头，在工地上搬砖，搬一块砖才能挣 1 分钱。最终，满手的血泡已经磨成了厚厚的茧子，碧华赚了 50 多元交给妈妈。在当年，这对邹家是笔"巨款"。邹妈妈流着眼泪回忆起这件事，"碧华从小就好懂事的，知道体谅父母！"

儿子要去北京了，从小到大一直都穿着家制土布衣衫，从没穿过商店买的衣服。邹妈妈从儿子挣的钱里抽出几张，买了件当时最时尚的"的确良"白衬衫。

然而，碧华临行前却偷偷把"的确良"压在枕下，留给了弟弟。

山里孩子要远行了。

二

『邹氏笑容』

『燃灯者』邹碧华

1984 年 9 月 2 日，北大新生报到。

"阳光、沙滩、海浪仙人掌……"来自广东汕头的姚真勇走进北大 40 楼 130 宿舍，未见其人，先听到清越的歌声。唱歌的大男孩戴着眼镜，肩膀宽阔，个子很高却稚气尚未脱尽。

"你好，我是邹碧华，来自江西奉新。"

"奉新？是宜春地区的吗？"姚真勇迟疑地问。

"哈，宜春的一个县。难道你不知道'中国三奉'么？"邹碧华灵机一动，随口编道："喏，蒋介石家乡浙江溪口奉化、张作霖家乡辽宁奉天、宋应星家乡江西奉新。"

他做着鬼脸："还有一位名人呢……"

"邹碧华！"看着这位性情开朗幽默的新同学，姚真勇也心情大好，玩笑脱口而出。

"NO，NO，不好意思啦，"邹碧华模仿着姚真勇的广式普通话，怪腔怪调地说，"是辫子大帅张勋张大人……"

"嗨，你家乡真牛！我孤陋寡闻，之前还真的没了解过。但'中国三奉'肯定是你瞎编的吧？奉天早就没了呢！"

邹碧华调皮地微侧着头咧嘴笑起来，露出洁白整齐的牙齿，带着小小慧黠又有几分孩子气的羞涩。

以后的 30 年里，姚真勇每想到邹碧华，眼前总是浮现出他典型的"邹氏笑容"。

两个男生一见如故，成了终生挚友。

和邹碧华一样，姚真勇最初想学的是经济，却误打误撞进入了北京大学法律系经济法专业。

"那个时候，填志愿是在高考放榜后，所有院校的招生计划都只列明某专业在某省招录几名考生，并不标明此专业属于哪个学系。"姚真勇回忆。文科院校招生表上，排位第一的北大招生专业目录中，第一行是汉语言专业，第二行是国民经济管理，第三行就是经济法……好，那就填上第二和第三两个专业，双保险应可稳稳当当迈入经济系大门了。未承想，无心插柳，这两个男生殊途同归，一同迈入法学殿堂。

"那也行啊，成为电影《风暴》中的施洋那样的大律师也不赖！"姚真勇想。

邹碧华和姚真勇跨进北大的这一年，是恢复高考的第 7 个年头。许多我们今天习以为常的事物，在那一年有了石破天惊的开始。

这一年，新年伊始，中国改革开放总设计师邓小平首次视察深圳经济特区，写下"深圳的发展和经验证明，我们建立经济特区的政策是正确的"。平复了"特区能不能办"的争论，为中国进一步改革开放一锤定音。

此后一年间，中共中央发出《关于 1984 年农村工作的通知》，提出延长土地承包期一般应在 15 年以上；国务院进一步扩大国营工业企业自主权；中国国家级科学技术进步奖创立；中英关于香港问题的联合声明正式签字。

也是在这一年，中国工商银行成立；居民身份证制度实行；由南方报业传媒集团主办的《南方周末》创刊；中国射击运动员许海峰在第23届夏季奥运会上为中国夺得第一块金牌。

而在邹碧华和姚真勇们所不了解的美国和欧洲，还有两件极有意思的事件发生——苹果公司推出了划时代的Macintosh计算机；玛格丽特·杜拉斯代表作《情人》问世。

20世纪80年代，对中国而言有别样的寓意，那是一个激情澎湃、理想主义旗帜高涨的时代。

31年后，姚真勇回忆起他们的"80年代"，字里行间洋溢着青春的热情——"那是一个经历了十年漫长严冬之后春回大地、万象更新的年代；那是一个全社会生机勃勃、理想与激情并行、纯真与实证结伴、生命怒放只争朝夕的年代；那也是物质虽然匮乏但精神世界无比富有充实的年代！"

纯真的年代，纯粹的学生。

2015年初春，北京大学法学院副教授楼建波在他的办公室和我们回忆与邹碧华的同窗岁月，最先想到的也是这两个词。

这个在北大被编号为841506的班级一共28名学生，天南海北，农家子弟占了三分之二。但城里和乡村同学没什么区别，都穿着千篇一律的工装和解放鞋，谁要是能有一双球鞋，那就是大家羡慕的焦点了。

来自浙江宁波农村的楼建波回忆，他和邹碧华是班里少数几个拿一等助学金的同学。"许多同学都有资格申请助学金,但每个班的助学金金额固定,申请的人多了,拿一等助学金的人就少了,一些同学就放弃了申请,让更困难的学生能有更多机会。"楼建波还记得,班上有个北京同学,每个周末还会带一两个同学回家吃饭,好让同学改善一下伙食。相待以诚,相濡以沫,那个时代,大学生们还不懂什么叫"精致的利己主义"。

宿舍、教学楼、图书馆、食堂、运动场,串起了邹碧华们 4 年的大学生活。

他们时不时去其他系蹭名家的课,偶尔也会逃课,若是碰到不喜欢上的、或是因夜读或卧谈会持续到深夜,第二天实在爬起不来的;他们在未名湖畔、三角地,不经意间就能碰到国宝级大师传道解惑;他们每每饭后便争相冲进图书馆,"占领"那些僧多粥少的座位……

体育是邹碧华的强项。邹碧华擅长田径、跳高还有篮球,只要是班里和其他班的同学约了足球赛,往宿舍一招呼,邹碧华一准往足球场上跑。

即便上了北大,邹碧华还是淘气依旧。

北大百年讲堂前,曾经是一片柿子林。那时候,楼建波经常"伙同"邹碧华去摘柿子。"碧华个子高嘛,每次摘柿子都少不了他。我们一摘柿子,校卫队的人就来追我们,然后我们就一溜烟地跑,兵分几路,留下校卫队的人在后面跺脚。"楼建波回忆。

与跃动青春相伴的,是政治意识和社会意识的觉醒。

入学一个月后的国庆节,他们挤在一台电视机前,集体收看大阅兵直播,看到北大学长游行到天安门前,突然打出用床单制作的横幅"小平你好",忍不住惊喜地欢呼起来。

随即,相隔不到两个月,全班同学又在办公楼礼堂聆听了西德总理科尔和日本首相中曾根的演讲。

20世纪80年代是思想活跃、文化多元的年代,北大堪称这个时代的精神家园。"兼容并包"、"天下己任"的北大精神和意气风发的时代相结合,培养出一批批有着济世情怀的年轻人。

北京大学中文系教授陈平原曾经回忆说:"独立的思考,强烈的社会责任感,超越学科背景的表达,这三者乃是20世纪80年代几乎所有著名学者共同的特点。"

从北京大学走出来的作家、电视制作人张曼菱的《北大回忆》记述了那个理想的求学年代。学子们每天行色匆匆,上课需要如"打仗"一样抢位子,"教室里坐不下了,就敞着门,大家一直坐到走廊上,挤得汗蒸雾腾"。

意气风发的社会,执着真诚的校园,邹碧华们恰逢其时。姚真勇记忆中的宿舍卧谈会,有激烈的争论,也有精神、有共识,那些天马行空的话题,清晰地记录着这个时代的北大在邹碧华们心中留下的烙印——

国庆阅兵式在天安门前打出"小平您好"横幅的,为什么偏偏是理科生物系,号称北大文科第一大系的法律系师兄师姐们为什么会被抢了风头?为什么苏联在不到两年时间连续死去三个最高当权者,直到戈尔巴乔夫横空出世？华盛顿若不拒绝三连任，今天的美国政体会如何？

卢梭的忏悔真诚吗？有没有人格分裂？弗洛伊德的释梦靠谱否？公民潘恩是怎样培育的？你认同马克斯·韦伯的新教伦理直接催生了现代美国资本主义精神吗？……

我班的何小玉何大美人与八三的师兄在五四广场风靡全场的迪斯科双人舞，碧华你这个舞神怎么就不能取而代之？继宪你家乡的牡丹比洛阳的正宗，吹牛！当年武则天怎就没留意到菏泽呢？

看今天主席台上老聂似睡欲睡的模样，这家伙还真是大智若愚，要不怎么就能连斩七将，最后把主帅藤泽秀行也干掉了呢……

像邹碧华和姚真勇这样从"小地方"来的孩子，两三个月前，还在为了备战高考日夜沉浸于书山题海，只会追求标准答案。如今，赫然间精神上一夜暴富，犹如掌握了阿里巴巴"芝麻开门"的咒语钥匙，畅然进入宝山，其间的璀璨珠玉令人晕眩和陶醉。

大学4年，邹碧华的成绩并不是拔尖的，但他读的书多，尤其是人文类书籍。多年后，邹碧华家中的书房仍然可以看见他当年在北大读书时的意趣，除了大量专业书籍，还有许多是文学、诗歌、历史、社科类书籍。

"专业上，我们学得很杂，几个大法，刑法、民法、经济法等等自然是要学的，经济方面的书也必须看。其实，大家更感兴趣还是文学书籍。上中学时只知其名未得谋面的许多中外名著，在大学里读了个够，确实把人文学科给补上了。"楼建波回忆，"那时候，从图书馆借到一本好书，大家在宿舍里传着读,读完了会不自觉地讨论,莎士比亚、狄更斯、卢梭等等,读那些书不一定让你成为多高尚的人,但一定是个有底线的人。听说碧华又有意识地给自己补课,读了许多哲学、政治学方面的经典书籍。"

北大重塑了邹碧华的性格。

2006年,邹碧华曾对媒体谈及他在北大的求学经历。邹碧华回忆说,北大非常注重理论积淀。他记得,《国际经济法》教授张力行教授在讲述惩罚性赔偿制度时,并未用传统民法思维去解读,而是用基础理论去剖析惩罚性赔偿制度,从制度角度去分析"诉讼缺失现象"的根本原因。"这堂课让我意识到,很多疑难的法律问题之所以难解,恰恰是因为我们对一些基础理论没有弄清。追根溯源,会让我们深刻理解法律制度背后的机理。"

令邹碧华记忆犹新的还有北大对学生挑战权威的鼓励。北大第一堂"法理"课,罗玉中教授反复强调,理论研究永无止境,作为学生,一定要敢于挑战权威。这堂课对邹碧华的影响深远,他要求自己不唯唯诺诺,不惟上是从。后来,在从事实际案件的审理时,他也会听取多方意见,尤其是专家意见。他所关注的重点,"不在专家的观点倾向哪方,而是专家所持观点的理由是什么"。

大学4年,邹碧华们恰逢中国立法的流金岁月。1979年至1988年10年间,百余部法律起草制定,"法律面前人人平等"被重新写入宪法。邹碧华的北大导师们,有不少参与到这些立法工作中,邹碧华们时常聆听教授们谈论中国是如何在一点一点填补法律真空，仿佛自己也参与其中，感受那份填补法律空白时激动人心的神圣感。

邹碧华们的人生小时代与改革开放的大时代，在北大水乳交融。他们心里刻下了"家国"两个大字，这种深藏心底、很少直白表露的情感，渗透在整整一代人的生命中。

2011年11月23日，广州亚运会中国男篮和韩国男篮对决冠亚军，邹碧华一家三口到广州观战。萝岗广州体育中心人山人海，当比赛双方进场、军乐队准备奏两队国歌时，邹碧华站了起来，同时神情严肃地示意儿子，"风风，站起来！"又示意姚真勇一家三口跟着站起。

邹碧华自豪地把右手放在心口，随着义勇军进行曲奏响，他高声唱了起来，姚真勇一家也跟着大声唱起来，这情景这气氛顿时感染了周边的球迷。

当激烈争夺趋于尾声，王治郅以一个灌篮把胜利锁定在77∶71时，邹碧华对这父子球迷开心地看着队员们把大郅抛起来而笑个不停。一会儿，冠军队中国队的国歌又一次奏响，这回是观众们都齐刷刷地站起，倾情高唱。邹碧华见状又露出了他灿烂的"邹式笑容"。

在北大，邹碧华还有额外的一份幸运——遇见了他生命中的"公主"。

当时中日建交不久，作为其中友好交流的一部分，日本NHK电视台要在北大拍一部中国大学生的纪录片，在北大八四级2 300多个新生中，选中了上海新生唐海琳。

唐海琳从小就是学霸范儿，连续数年的上海市三好学生。这位班里的团支书，有一张秀气的鹅蛋脸，笑起来眼睛弯弯的，冰雪聪明却温柔内敛，外表柔弱其实内心强大。姚真勇回忆说："海琳极有主见，处事条理分明，说起话来笑眯眯的，吴侬软语，脾气也是出名的好。"

在楼建波的记忆中，唐海琳是那种让人感觉很舒服的好学生，"你知道，很多好学生，尤其是女生，总是让人有很强的距离感，唐海琳不是，她学习是真好，待人也很真诚"。

自唐海琳从上海启程，NHK便一路跟拍，自然也拍下了84级经济法班的大小课堂、班集体活动……围绕唐海琳，在电视台聚光灯下，天南地北的新生欢声笑语，载歌载舞。

因为这个插曲，开学初的两个月，这个班级的集体活动格外多，同学们的关系也迅速热络起来。

开学第一天晚上，学校就派出82级的师兄师姐教新同学跳集体舞，包括当时风靡全校的十四步、二十四步，还有随着《北京的金山上》《阿里山的姑娘》节拍起舞的藏族舞蹈、高山族舞蹈。

江西山里伢子邹碧华，留给上海姑娘唐海琳的第一印象，就是那天晚上笨拙的舞姿，"他跳的模样让我忍不住要笑，可是他一点都不觉得害羞，照样跳得很开心"。而邹碧华让海琳惊叹的，是入学第一个中秋节晚上，全班在北大未名湖畔的石舫联欢时，他高歌的那一曲《外婆的澎湖湾》。

"那是怎样的嗓音啊,第一次听他在宿舍哼这首歌时还不太在意。那晚上细细一听,即使是原唱的潘安邦在场,恐怕也自愧弗如——如此空灵清澈而又不失圆润,犹如电影'放牛班的春天'里那天籁的童声。"姚真勇回忆。

因了这一夜,在日后每一次可能的场合,姚真勇总要求邹碧华唱这首《澎湖湾》。不久,邹碧华拉着姚真勇学弹吉他。"碧华知道我五音不全,音乐天赋极差,所以总是以这首《澎湖湾》作范曲,试图以我对这首歌的热爱,来提高我学习吉他的兴趣。"

也许是传承自父亲邹连德先生的艺术基因,碧华入学不久,其文青气质和运动健将天赋展露无遗。

和在中学时一样,邹碧华的体育再次称冠。不但体育课成绩在年级数一数二,跳远跳高班里无人能出其右,5 000米长跑和篮球更是其强项。他在北大开始接触足球,一踢起来就达到了疯魔的状态,没踢几个回合,就敢找其他班级入选过国家中青队集训的同学组队较劲。

他还时常即兴模仿王景愚《吃鸡》,自创表演了单人哑剧《书法》,夸张的神情和惟妙惟肖的动作,令人忍俊不禁,只是他甩干毛笔的动作用力过猛,老要不时扶下正滑落鼻梁的眼镜。

跳集体舞和交谊舞,老师示范了几遍之后,他就能有板有眼地跳出应有的韵味来,尤其是探戈,收步、甩首、侧望的动作一做,顿时显出一派激情迸发和自信爆棚的感觉。

班集体游览承德的外八庙,他的画夹一打开,十五分钟功夫,一幅普宁寺的铅笔速写即神韵具备地跃然纸上。

邹碧华的真性情和文青范儿,渐渐走进唐海琳的视线。其实,自打入学,邹碧华就被海琳温婉的江南少女气质深深吸引,但他只是偷偷暗恋,不敢表达。开学后不久,有一天,邹碧华经过隔壁宿舍,听到有人商量着如何帮助某男生追求唐海琳,邹碧华一下子就慌张起来。

一天,邹碧华拿着两张北京大学国际电影展电影票,鼓足勇气去找唐海琳。一票难求,邹碧华是排了一个通宵才买到的。见到海琳,他的勇气荡然无存,嗫嚅着什么也没说,只是羞怯地递上那两张票,期盼着海琳能答应一起去看。

"呀,这个票很难买的,太谢谢你啦!"唐海琳喜出望外,不假思索地接过两张票,扭头就叫上了闺蜜,约了一起去看这部电影。邹碧华强颜欢笑,转身离去,心中自然不无郁闷。到了电影院,唐海琳东张西望地寻找邹碧华,自然是没有找到。后来,她纳闷地问邹碧华:"这么精彩的电影,你怎么没去看?"邹碧华不好意思地挠挠头,"嘿嘿,我就买到两张,都给你了。"

第二次,邹碧华终于鼓起勇气,敲响唐海琳宿舍的门。

"同学那里有两张电影票,他晚上没时间看。你敢不敢和我一起去看?"他使上了激将法。

"我有什么不敢的!"唐海琳被他一激,爽快地答应了。

唐海琳还记得,那天看的电影是《爬满青藤的小屋》。看完电影回来的路上,邹碧华与海琳聊了很多。不一样的童年、不一样的经历,让来自山村的他与习惯了城市生活的她彼此好奇。在一个灯光较暗的台阶处,邹碧华有意无意地拉了一下海琳的手,这位一直以来的好学生有些慌乱,赶紧缩回手,面颊滚烫:哎呀,这样不好吧,被爸爸妈妈知道会不会骂?

"大约是开学两三个月吧,我们发现碧华变了,很少疯玩了,床铺整齐了,起居规律了,去图书馆抢座位更勤了,卧谈会越来越'一本正经',能以逻辑思辨把人辩死,原来难看的豆芽字,在海琳亲选的庞中华硬笔书法的临摹下,越来越端方好看了。"姚真勇回忆说,"这份爱情深深地影响了碧华。后来,也是为了爱情,他选择了到上海工作。"

甚至有同学认为,是唐海琳的爱情,重新塑造了邹碧华。

唐海琳在学业上的优秀,无形中对邹碧华产生了压力,他要努力提升自己。唐海琳的稳重、宽容与忍让,与邹碧华的激情、果敢和顽皮性格互补。不管日后工作上遭遇多大的压力,唐海琳是他永远的安慰,也是他心灵的港湾。

任何人,在相处多年的同学眼中,才是最真实、最不加掩饰的。邹碧华去世后,天南海北的同学赶来为他送行,不少同学讶异于邹碧华的学术成就和业界口碑,但对他的真诚与善良,都表示非常认同,非常熟悉。

"碧华是我刚踏进北大时的特别'翻译'。"姚真勇回忆说,"刚开始,我一口浓重的潮汕方言,常把同学们弄得一头雾水。碧华时不时地帮我'翻译',不厌其烦地纠正我的普通话发音。我每一次发错音,他总是先'哎哎'地嚷两声,然后故作惊慌状地'再说一遍,再说一遍'指着我,接着再把标准的发音亮出来,直到我学会了,才满足地浮现出又一个标准的'邹氏笑容'。"

大二暑假,姚真勇的女朋友黄惠芬从南京坐了 16 个小时的火车,赶到北大来看他。一路疲惫的黄惠芬,很想洗个热水澡,却碰到学校澡堂大修。姚真勇只好踩着单车带女友去最近的公共浴室。谁知,没过多久,狂风突起,暴雨如注,姚真勇尴尬又无奈地望着门外的瓢泼大雨,后悔没带上雨具。

忽然,远远地,邹碧华骑着单车过来了,他递给姚真勇两把伞,"嘿,哥们,难道惠芬第一次来北大就是来淋大雨的吗?"

说话间,姚真勇发现碧华浑身湿透,他自己打的那把雨伞,已经被暴风雨弄折翻转了。然而,他还是那样顽皮地一笑,挥挥手又钻进雨里……

1988 年 7 月,大学毕业离校时间到了。

7 月 2 日,距离颁发毕业证书还有两天,姚真勇要提前返家。因为分隔整整 39 年、在台湾的大爷和三爷回到老家省亲。归期已近,两位平均年龄近 80 岁的老人,一定要等着姚真勇回老家见上一面。老人家与姚真勇互通书信近 10 年,却从未谋面。

全班同学将姚真勇送到小南门口,邹碧华和王柏帮忙拎着行李,陪姚真勇去火车站。

332路公共汽车窗外,是熟悉的中关村大街、白石桥、魏公村,直到动物园,三个大男生沉默着,不敢互相对视,不知是谁先红了眼眶,眼泪忍不住滑落下来。

换乘上了103公共汽车,车上只有零星几位乘客,不时朝着这三个哭泣的小伙子好奇地张望。他们三人已经顾不上众目睽睽下的形象,个个涕泗横流,不能自已。

车过红楼、沙滩、故宫直到北京站。到了月台,把行李在车上放好,在等待15次特快列车启动前夕,三个人互相围揽着肩膀,头抵着头,一动不动地立着。四年朝夕相处,从此要天各一方,不知何日方能再见,那份不舍从心底里涌出来。止不住的男儿泪,啪哒啪哒地摔在站台上。

汽笛一声长鸣,姚真勇透过模糊的泪眼,看见车窗外,邹碧华和王柏齐齐追着越来越快的列车,在向他招手——这一幕,牢牢地定格在姚真勇的记忆深处。

那一夜,送走姚真勇后,饥肠辘辘的邹碧华和王柏,急急赶上103路最后一班车返校,到了动物园,发现332路末班车已经开走,两个人在附近找了一个路边卖炒凉粉的摊担,每人吃了一碗,就步行往北大走。回到宿舍,已经是次日凌晨2时了。

毕业后,三个人分别奔赴北上广。王柏留在北京,在全国人大法工委工作。姚真勇则在广东信用联社,邹碧华进了上海高院。

"碧华重情义,凡是有人请他帮忙,他总是竭尽所能。"姚真勇回忆,"碧华还是我女儿姚瑶作文的远程指导老师呢!就和指导他儿子逸风作文一样,他总是一丝不苟,精心挑选每一种体裁的每一篇范文,短则两三天长则一个星期就通过邮箱发过来,整整持续了近两个学期的六十来篇范文,可以汇编成册了!那段时间每次通电话,他都会问姚瑶作文进步了没有,笔头顺溜很多了吧?"

"他严肃批评我,明知抽烟不好,为什么就不能下决心立马戒掉?为什么还要列戒烟的时间表?半年后见面,未见戒除,他就批评得不留情面,甚至有点声色俱厉,'连半年的时间都戒不掉烟,说明你还缺少强大的心力!没有足够强大的心力,你能完全当好你这么大一个几千人银行的家吗?'这30年来,我经常听到他说的两句话就是:既然你有可能把事情做好,为什么不去做呢?既然你有能力帮助或影响到别人,为什么不去做呢?"

没有想到的是,26年后,王柏和邹碧华都一前一后地累倒在自己的工作岗位上,累倒在创造力迸发的中年。

2013年初夏,姚真勇班级同学在上海相聚,大家提及王柏同学的英年早逝,无不扼腕痛惜。邹碧华沉默良久,拿起了麦克风,一反他惯常的金属般质感动听的男高音,用低沉的嗓音,唱起了吴奇隆的《祝你一路顺风》:

那一天知道你要走

我们一句话也没有说

当午夜的钟声敲痛离别的心门

却打不开我深深的沉默

那一天送你送到最后

我们一句话也没有留

当拥挤的月台挤痛送别的人们

却挤不掉我深深的离愁

……

这几句一出唇，邹碧华已泪流满面，接着哽咽失声！终于跟跟跄跄地唱完，大家好一阵静默无声。平复了心情之后，邹碧华慢慢地说："不好意思，今天失态了。同学们相聚，少了王柏一人，作为东道主，真是心痛。刚才这首歌，是为他而唱的。"

时隔一年半，2014 年 12 月 13 日，邹碧华追悼会的前一晚，天南海北飞来上海的大学同学，为邹碧华守灵告别。大家手拉手围着碧华的玻璃灵柩，望着静静安卧长眠的碧华，唱起了碧华曾经唱过的这首《祝你一路顺风》，还都哭着说，碧华，我们没唱好，没唱好啊！

邹碧华同窗好友的歌声，向着刚刚离去的灵魂飘去：

当你背上行囊卸下那份荣耀

我只能让眼泪留在心底

面带着微微笑用力的挥挥手

祝你一路顺风

当你踏上月台从此一个人走

我只能深深的祝福你

深深的祝福你最亲爱的朋友

祝你一路顺风⋯⋯

三

『捡到一棵好苗子』

1988年2月，大四的寒假，21岁的邹碧华和唐海琳一起来到上海。他住进中国纺织大学的学生公寓，一家家单位敲门，投送了60多份简历。

在那个春寒料峭的早春2月，邹碧华遭遇了很多冷脸，也收到了橄榄枝——上海高院和一家上海名企决定录用邹碧华。

"那年上海爆发甲肝，等我们回到北京，都被隔离在学校的一个研究生楼里，每天饭菜都是学校派人送进来的。"唐海琳回忆。

毕业前夕，邹碧华到大学班主任王久华那儿告别。"当时，除了上海有公司录用他，他还拿到了北京一家知名报社的录用通知。1988年，下海热潮四起，企业工资收入远超法律系统，但邹碧华最终还是选择了上海高院。"王久华回忆。

毕业前的一席长谈，邹碧华谈到大学四年的感悟和收获，也谈到国家在法律、法规、法律制度方面的滞后、人才缺失的现状，忧心忡忡。王久华对邹碧华有新的发现："大学4年，他给人的印象是活泼好动、兴趣广泛，致善致真，其实，他内心一直没有停止思考，他还有着致深致远的品性。"

1988年7月，邹碧华走进上海福州路209号，他的法律人生，就与中国的法治时代渐渐重叠在一起。

上海市高级人民法院经济庭的上上下下，都很喜欢这个开朗有主见的小伙子。

在上海高院原经济庭内勤张佳文眼里，邹碧华是个特别好学的小伙子。那时候，为了写总结材料，所有判决书、裁定书张佳文都会收集一份。

有一天，邹碧华找到张佳文，"张老师，能不能把这些判决素材给我看看"。

"很多啊，好几年的都在这儿。"张佳文说。

那时候，上海高院刚刚有复印机，复印材料还需要张佳文审批。邹碧华看到好的资料就整段抄在自己本子上。有几次，张佳文看着实在心疼，就说："别抄了，我给你复印吧。"邹碧华高兴得跳起来。

邹碧华住在福州路的高院宿舍，宿舍里摆着两张床，很简陋。有一次，时任经济审判庭情况调研组组长的高境梅，去宿舍看望邹碧华。她发现这个小伙子面对墙壁站着在喃喃自语，走近一看，原来是在背英文单词。邹碧华解释，面对墙壁背单词不会受到干扰。

刚来时，邹碧华听不懂上海话，影响了这个活泼青年的人际交流。

他决心学会上海话。每天一早，他就跑到附近菜场，听上海人买菜时的对白，认真地模仿。开始的时候，一口怪腔怪调的上海话，不断让唐海琳笑痛肚子。但很快，邹碧华一口地道的上海话，让菜场里精明的老阿姨们都乱了真，以为他就是个勤于持家的上海小伙子。

高境梅观察着这个好学聪明的年轻人，心里特别欢喜，觉得捡到了一棵好苗子。

那时,法院讨论案件没有官阶之分,大家针锋相对,据理力争,邹碧华也常常发表不同意见,也会和师父争得面红耳赤。有一次,讨论一个具体案子,高境梅不赞同碧华的意见,随口说了一句,"你不行。"邹碧华扭头就跑到另一间屋生闷气去了。过了一阵,他找到高境梅认真地说,"高老师,我有我的想法,不会因为你是我师父,是我的组长,就附和你。"

师父不恼反笑。

有一次,高境梅随口说让碧华研究一下公司法案例。过了几天,她吃了一惊,发现碧华从基层法院调了几十部卷宗上来,一本一本看,总结公司法案例有多少类型,思考现在审判中还存在哪些问题,并梳理出一些审理意见。

还有一次,高境梅和同事们一起去国家法官学院培训物权法。半夜里,高境梅因家里有急事去敲同事胡曙光的宿舍门。门一开,和胡曙光同屋的邹碧华,穿得整整齐齐地出现在她面前。

"你还没睡啊?"她奇怪地问。

"我抓紧时间整理一些资料。"邹碧华回答。高境梅一看手表,已经凌晨1时了。

高境梅琢磨,这个小伙子真和别人不一样。宿舍里放着油画架,床头放着诗集,墙头挂的画作、拍的照片,都很美,很浪漫。可是法律这个东西是那么刚性,且理性——他是怎么将这两点完美结合在自己身上的?想来想去,只有一个答案,他彻头彻尾地钻进法律里去了,把其他的兴趣都慢慢淡化了。

邹碧华的内心不是没有过挣扎。

刚开始工作,邹碧华到基层法院实习了一年。那时候的所谓开庭,就是一个办公室里来两拨人,各坐一边,书记员在写字台边记录,法官就在写字台——也就是法官办公桌对面,就这样团团坐成一圈。

"这就是我最初接触到的法官,很不像样。"许多年后,邹碧华和媒体回忆这段经历时说,这项职业与自己印象中的极有尊严甚至威严的法官形象,有很大的差距。

但时间久了,邹碧华发现,如果法官把案子处理得很得体、很公平,双方当事人都会很满意,这让邹碧华有了些满足感。"这是一种令人向往的感觉。在做事情的过程中,在追求公正的过程中,找到一些东西,让我们慢慢地有了一种成就感,并为之不断地努力追求。"邹碧华曾经这样描述这段心路历程。

此时,唐海琳在建设银行上海分行的发展相对比较顺利。1990 年 6 月,两人领了结婚证。不久,银行分配给海琳一套小小的两居室,唐海琳向朋友借了点儿钱买了一些家具。"一间六七平方米的房间给他做书房,还有一间大点的做卧室。"两年后,两个人举办了简单的结婚仪式,在两三桌亲朋好友的祝福下,走进婚姻生活。

"那个时候,我事业发展得比较快,可能带给他一定压力,看得出他在努力提升自己。"唐海琳说。

此时，中国正决心启动新一轮改革开放。邓小平说："现在国际上担心我们会收，我们就要做几件事情，表明我们改革开放的政策不变，而且要进一步地改革开放。"他希望上海的突破，能体现中国继续推行改革开放政策的决心，在上海市政府提出的开发浦东构想上，邓小平将"开发浦东"改为"开发开放浦东"。

迅速发展起来的市场经济，催生和强化了"依法办事"的游戏规则，新经济、新问题层出不穷，法院案件也随之增多，处于审判一线的邹碧华，渐渐感觉自己的所学不够用了。

"真勇，如果有机会，我想再回学校读几年书。"1991年夏天，姚真勇去南京出差，绕道上海去看望碧华和海琳。邹碧华对老同学感慨，上海向世界开放了，更需要全球化的法律视野，得尽快回炉补课。

两年后，邹碧华考回北大读研，并以优异成绩硕博连读。

高境梅为这个徒弟倍感欣慰，"年轻时多读点书，将来必定比我们强"。

在北大读硕士、博士时，邹碧华经常打电话请教。"高老师，我问你哦，企业注销或吊销了以后审判实践中政策怎么样？""高老师，企业吊销和企业借贷，这类案子纠纷你是怎么处理的？"

高境梅喜欢和他讨论问题，"许多实践问题用'法呆子'方式处理是不行的。"她说："邹碧华没有书呆子气，他讨论问题非常接地气。"后来，邹碧华当了院长，她还是喜欢和他讨论案子，把30多年的基层实践经验一一传授。有时候，邹碧华用法学理论将高境梅说的案例进行概括总结，她就特别高兴。

邹碧华一直叫她"高博导"，他不无顽皮地说："我是博士，你是我的导师，所以你就是博导啦！"

后来，邹碧华到民二庭做庭长，高境梅退居二线。"本来想彻底退了算了，想想，还是没舍得离开，觉得和碧华在一起工作很开心。"她回忆。

"跟他在一起的法官都说有压力，看到他当领导有的人都害怕，他会不断给你很多任务，我们审判实践中需要太多东西去学习，他总会给出很多很多课题。"

当时，高境梅虽然人在庭里，但不在其位，不谋其政。"可碧华还一天到晚给我压力，一会儿派一个什么活儿。我们商事审判的两大难点，一是担保问题，还有刑事民事交叉的法律问题。碧华总希望我能将这两方面的问题研究点眉目出来。"

高境梅有时候也觉得疲惫，邹碧华干脆给她派了个小帮手。"你们跟着高老师，把她讲的拿个录音机录下来，整理出来。"高境梅到培训中心讲课，他也叫人拿个录音机去录。

"他很纯净，眼里只有工作。一般老领导退下来，新领导希望你最好不要再插手单位的事儿。邹碧华不是这样，有时候还要给我出讲课题目，通知大家来听。"高境梅被他"逼"着，一点一点将肚里的存货全倒了出来，做得很累，但很开心，恨不得将几十年的积累全拿出来。

邹碧华调到长宁区法院后,高境梅去看他。他领着"高博导"楼上楼下地看,高兴得不得了,絮絮叨叨地详细介绍他的设计理念,诉调中心为什么这样设计,每个房间如何考虑;这些诉前调解员都是退下来的法官、老同志,要保证他们休息,所以安排他们一人一个房间……

从 1993 年到 2000 年,是邹碧华的专业积累期,也是他最艰难的人生爬坡阶段。他不知疲倦,总在给自己设计更高的学术和工作台阶,一路勇往直前。唐海琳则在一旁默默地陪伴着他。

1993 年 12 月 9 日,临近产期的唐海琳到医院产检,医生查出她有妊娠高血压,指标不好,立即将她收治入院。此时的邹碧华正在北大读研。

下午 3 时左右,医生给唐海琳打催产素,唐海琳疼痛不已,但还是无法顺产。最后医生决定施行剖腹产手术,不得已,唐海琳的母亲在产房外颤抖地代表家属签了字。

"孩子一生下来没有哭声,我好担心。只听医生说'是个儿子啊',然后她拍了拍孩子的屁股,孩子哇地哭了起来,我这才放心了!"唐海琳被推出产房,因为麻药的作用,寒颤不止,门外等候的大学闺蜜一把紧紧抱住了她。

"碧华是晚上才赶回来的。"丈夫进门的一刹那,海琳真是满腹委屈,但一看到他风尘仆仆又满脸歉疚的模样,涌上嘴边的埋怨又咽了下去。

从 1993 年到 1999 年,邹碧华来回穿梭于京沪两地,尽量抽出时间陪陪妻儿。但毕竟聚少离多,养育儿子的重担,大部分压在海琳身上。"儿子小时候有哮喘,严重时都没法躺下来睡觉。我就整夜抱着他,"回忆起那段日子,她说,"的确挺艰难的,我们两个人都难"。

1998年,邹碧华在北京读博士的最后一年,上海高院迎来一位新院长,从全国总工会调来的滕一龙。

滕院长发现,法官队伍中,法学院毕业的仅占四成。老同志有经验,但法院的未来还是要靠年轻人支撑。上海高院制定了两个5年培训计划,跟踪了20个年轻人,邹碧华是其中之一。

让人大跌眼镜的是,1998年底,邹碧华参加助理审判员晋升审判员考试,这个北大博士竟没通过。

滕一龙诧异:"题目很难吗?"

"不难,只是我没来得及答完。"邹碧华涨红了脸。用惯了电脑,他已经不习惯手写答卷了。

彼时,外面有很多单位想挖邹碧华,"即使在今天看,薪水都是很高的"。上海高院民五庭副庭长宋向今回忆说:"那段时间邹碧华不无痛苦,外面的工作诱惑也不小,但他更喜欢这个职业。"思前想后,他还是留下了。

多年后,在谈论这一选择时,邹碧华曾说,"选择继续留在体制内,也训练我们工作上的品行,如果在很多规矩的约束下,照样能把事情做成,实现我们的想法,虽然很难,但是做到的时候,会有价值感、成就感。如果在这种约束的环境中都能够生存下去,而又不丧失自己的理想和激情,或者说能够用一种积极的心态去面对这一切,对一个人来说其实是非常不容易的,但是一旦做到了,就成为了一个胜利者。"

1999年5月,邹碧华加入了中国共产党。

2001年,他成为审判员,并调至上海高院研究室工作。

四

『荷塘效应』

2000年，根据组织安排，邹碧华前往美国联邦司法中心担任研究员，对美国联邦法院内部机构设置及法官助理制度进行专题研究，其间还短期前往耶鲁大学做访问学者。

这是上海法院系统第一次派法官去美国联邦司法中心考察学习。无论是唐海琳还是滕一龙，或是他的同事、同学，都曾多次听到邹碧华讲述当年在美国的见闻。在美国的司法研究经历，给他的观念撞击显而易见，也正是在这一年，邹碧华开始更深刻地思考法官职业定位和法院管理体制。

邹碧华这样记录他对美国经历的思考：

"那段时间，给我印象比较深的事源自两个方面。一方面是，来自于知识体系层面的。我在美国主要研究美国的法官助理制度和法院的内部人员配置等管理方面的课题，要研究这些不可避免的就要去研究它的法律运行，尤其是诉讼运行。于是我把美国法院的证据规则、诉讼程序规则都很认真地学习了一遍，再看了一些它实际运行的案例，看它内部是怎么配合的。

"其中，有两点让我印象深刻。其一是法官遴选制度，美国的法官遴选十分严格，可谓千挑万选，再优秀的法律从业人员也未必有做法官的机会；其二是法庭上的交叉盘问、隔离质证等规则的实际运用。我去旁听庭审，在法庭上一切证据都要很精细、很有条理地展示出来，通过双方对疑点的交叉盘问，一些在我们看来永远都审不清楚的事情，居然审清楚了。

虽然后来我们国家的证据规则也出来了,也规定了交叉盘问、隔离质证,但是我们就不知道怎么去用,律师不会用,法官也不会用。在这方面,美国有很多值得我们借鉴的地方。"

在美国工作所接触到的一些人和一些事,也触动了邹碧华。

"他们做事尽职尽责的态度让我印象深刻,对我的影响也特别大。我刚到美国的第一天,到联邦司法中心去,中心主任先带着我到大楼里参观,之后带我到他们的资料中心,并把我交给了资料中心负责人,说如果要做研究,他可以给我提供帮助——他们可以给全美国的联邦法官提供查阅资料的服务。随后,资料中心负责人从他办公室桌子底下拖出一个很大的纸箱子,那里面全都是他给我复印的资料。他说,'半个月之前,你曾经给我们中心发来了研究提纲,这是我根据你的研究提纲给你查找的资料'。也就是说,我第一天到那儿就有了一箱资料,这大大节省了我的时间,马上就可以开始研究,然后我再需要什么资料,他们再帮我查。

"第二件事情,就是我快要回国之前,在网上看到一本英国人写的"*Interpretation of Contracts*"("合同的解释"),正好与我的博士论文题目相同,所以很想看,就打电话给资料中心的一个资料员让她帮我查一下这本书,她回复说只有乔治城大学图书馆有一本。我请她帮忙借一下,在得知我很快就要回国后,她马上去借来给了我。而她离乔治城大学图书馆来回有两个多小时车程,她理解这件事很急,现在就要去做,哪怕会影响中午的吃饭。事情虽小,却让我油然敬佩……一个人如何对待自己的职业，如何将你职责范围内的事情做好，是非常重要的。一件事情的成功和获得认可，往往取决于你对事情认真的程度，在处理工作事务上不应该有的推脱，就不要推脱哪怕一秒。这就是工作的重要性，这也是个人价值实现的重要环节。

"还有很多事情给我留下深刻印象，比如说一位秘书为我安排好行程，并非常负责地跟一家家航空公司、酒店电话商谈研究行程费用，让我节省了一大笔开支。虽然都是一些细节，但足以让我对美国人对工作的尊重态度深信不疑。因此，重视自己的职业态度很重要，这不仅仅是个人问题，文化背景、知识教育、社会环境等方方面面都在发挥着细微的作用，这些不大不小的细节，让我再次意识到作为社会中的一个成员、作为一位法律工作者所应该有的态度。"

回国后不久，邹碧华任上海高院研究室副主任，不仅研究总结案件审理，还关注法院运行机制。一次，邹碧华回北京看望博士导师贾俊玲，感叹法院必须改革，并说要写一份上万字的报告。2001年，他果然完成了4万字的研究报告：《关于美国联邦法院内部职责分工及法官辅助人员配置方法的考察报告》。

滕一龙很惊讶。当时，司法公开刚刚起步，邹碧华对法院的研究却已经触及更深层的法官管理体制、机制变革的层面。

此时，上海高院加快了对年轻干部的培养力度，将他们放到一线重要岗位锻炼。此时，唐海琳已经是建行上海分行中层干部，事业正风生水起。滕一龙却对海琳温和而认真地说："看来你得让一让。"

根据回避制度，唐海琳从银行高管的位置退到幕后。而邹碧华在法治的征途中，则激流勇进。

2003年10月至2008年6月，邹碧华先后担任上海高院民一庭副庭长、民二庭庭长、审委会委员。5年中，他指导或参与审理了上海社保基金追索案、我国首例涉及英国皇家建筑协会JCT文本的建筑工程案、北方证券破产案、艾滋病群体诉讼案，以及涉及数千名当事人的"乐客多"超市群体诉讼案等一大批在全国具有重大影响的案件。在审理上海社保基金案件中，邹碧华提出"先予执行"的方案，破解了追索38亿元案款的难题，受到上海市委嘉奖。

其间，邹碧华还参与了物权法立法讨论，多次赴最高法院参与合同法、公司法等重大司法解释的起草，多次承担最高法院全国重点调研课题，获全国法院系统优秀调研成果特别奖，十余次获得全国或市级调研奖项。

邹碧华任民二庭庭长时，宋向今是庭长助理。他说："跟他在一起特别有劲，他思路跑得特别快。跟着他，他在走，我在跑，其实，跑着能跟上他，也很吃力。"

每次讨论案子之前，邹碧华会笑着说："事实和证据你要讲清楚，法律好多东西我不懂的哦，你要准备好！"其实，他这样说，就是要让汇报的人做好充分准备说服别人，如果说服不了，就再继续讨论。

有一次,庭里开会汇报案子,按要求要用PPT汇报,汇报的法官只做了几张PPT,说弄不好,没弄。邹碧华说:"你汇报,我当场帮你做。"结果,汇报结束了,邹碧华也将PPT做好了。从那以后,庭里没人再敢说不会做PPT。邹碧华说:"其实,做PPT不仅别人看得清楚,自己做一遍,对整个案子也是个梳理,结论就更成熟。"

2008年底,时任上海高院院长应勇刚刚到任,要了解整个法院情况,每个部门要对条线情况进行汇报。邹碧华集中分析案件,做了一本精致的彩色活页PPT小册子。应勇来开座谈会,问起其中每起案件、每个数据,邹碧华皆娓娓道来。

民二庭上上下下、老老小小都很喜欢邹碧华。有一次,宋向今问他:"你怎么嘎来噻啊(这么厉害啊)。"邹碧华笑笑,"没什么,我就是胆大"。

"其实,他不只是胆大,而是对自己严格要求。他的办公室柜子里、桌子下面全是书,说起什么法律问题,他随手会从里面抽出来找给你看;做课题,哪一部分写什么,他不仅给你指明方向,还会告诉你要去哪里找材料;他自己会在外面做些专业讲座,也逼着年轻法官去讲课,而且不能每年都讲一样的课题,要去梳理问题,加入法律最前沿的东西。"宋向今回忆道。

2006年评选"上海市十大杰出青年"时,记者采访邹碧华,拍摄了他的一张伏案工作照。照片中最夺人眼球的,就是那张与众不同的办公桌。桌下整整齐齐地垒着邹碧华最近看的书,围绕着办公桌,形成了一小圈小书墙。原来，邹碧华书橱里已经摆满了书籍，只好把书放在办公桌边。

邹碧华的家里也都是书。原先在一楼有个书房，整面墙都是书，后来，孩子大了，邹碧华将书房让给了儿子，在二楼的小过厅又设计了一个小书房，三面墙到顶都是书。每天晚上，他几乎都缩在自己的书房里，看书、做PPT。

"书店是碧华最爱去的地方。"滕一龙回忆，他曾经带着邹碧华出访过两次，"一有机会，他就冲进书店，给自己买些英文专业书，也给儿子买些英文原版书。"

有时，唐海琳夜半起身，看见隔壁书房的灯还亮着，丈夫仍旧埋首书堆。"我也好奇他怎么总也不累。"她理解他："一个人醉心于自己喜欢的事业，是快乐的吧！"唐海琳看见丈夫两鬓出现白发，心疼他，他打趣妻子："你怎么没有白头发，肯定是工作不如我努力！"

邹碧华其实也知道唐海琳的优秀。2008年3月，他在上海市委党校进修。有一天，他听说班级里的大姐、上海市激光研究所所长韩华要去参加上海市妇女代表大会，他兴奋中不无自豪："大姐，我们家海琳也是代表，她那天也会去。"

不过，唐海琳知道，现在她有点跟不上邹碧华了。"他一直往前跑，越学越轻松。有一次，他和我说，他感觉到什么叫游刃有余，至少，他已经可以自如地应付专业领域的一系列强有力的挑战了。"

"他给你的感觉总是很轻松，再忙都如此。他从来没有说过'太累了，不是人干的'之类的泄气话。"韩华回忆。"他总是带着本书,只要有空就拿出来翻翻。他对什么都感兴趣,听说我曾经从事海军装备研究,很好奇,很想去军舰上看看。他积极关注任何新的知识,对各种信息的捕捉能力很强,这已经成了他顽固的习性了。"

在韩华看来,人的知识阅历达到一定程度,学习就会成为他自然的需求,"甚至成为他的一种本能了"。

在邹碧华日后给长宁法官做"心理调适讲座"中,我们或许能够找到他如何让努力成为一种生命本能的动因。他说:

"心理学上有一个'荷塘效应',说的是荷塘里有一片叶子,第 2 天变成两片,第 3 天变成四片,以此类推,一个月后荷塘里铺满了叶子。请问,第 25 天时荷塘里有多少片荷叶? 我们可以倒推,第 30 天时 100%,那么第 29 天 50%,推算下来第 25 天时是三十二分之一。从第 1 天到形成三十二分之一,一共用了足足 25 天才达到荷塘的一个小小角落。而从第 25 天到第 30 天把荷塘铺满,只用了短短 5 天。我们很多人积累了很长时间,行百里者半九十,但最后放弃了,很可惜。我们要执着,要有持续改善的理念,每天都要有进步的目标,积小胜为大胜。与其浑浑噩噩地浪费时间,不如从你经手的每一件小事中得到成长。"

"我们的激情能够维持多少年? 原子弹之父奥本海默有一次举办演讲会,让人搬了一个几吨重的大铁球到礼堂,然后让大力士拿大铁锤敲它。结果敲了半天,大铁球纹丝不动。接下来,奥本海默从口袋里拿了一个小小的锤子开始敲铁球,一直不停地敲。十分钟过去了,二十分钟过去了,开始有人退场了。到三十分钟的时候,很多人走了。到四十分钟的时候,大铁球开始有一点点晃动了,接下来,越敲越晃得厉害。这时,奥本海默坐下来发表了一个很短的演讲,他讲:'在成功的道路上,你没有耐心去等待成功的到来,那么你只好用一生的耐心去面对失败。'所以我们要坚持,要执着。"

渐渐地,耐心、执着而坚持的邹碧华,在业界有了名声,荣誉接踵而至。

2004 年,邹碧华被聘为中国法学会民法学研究会理事,2006 年当选上海市十大杰出青年、上海市十大优秀中青年法学家。

"得知评上'上海市十大杰出青年',他还是有些小得意的。"唐海琳回忆,"那天,他像个孩子一样高兴,表情丰富地向我和儿子得瑟起来。'嘿!怎么样?怎么样?'像孩子似地等着我们表扬他。"

此后,邹碧华获得荣誉无数,包括 2009 年被最高人民法院评为首届全国审判业务专家;2010 年被评为上海审判业务专家;2011 年被聘为中国商法学研究会理事,被华东政法大学聘为兼职博士生导师——该校唯一校外博士生导师,但似乎都没有"上海市十大杰出青年"这一荣誉让他兴奋不已。

"他听说我也曾被评为'上海市十大杰出青年',一下子就拉近了距离。"韩华回忆。那一届党校同学常常说:"韩大姐,邹碧华最佩服你。"韩华曾经是中国船舶重工集团711研究所副总工程师、舰船动力装置自动监控技术学科带头人,中共十六大代表,后来从技术带头人走上了管理岗位,是个出了名的"铁娘子"。

"碧华和我聊,他怎么从一个江西山村少年考上北大,一直读到博士,想想他真不容易。"韩华说:"也许我们俩都有个共同看法,就是觉得,这个时代给个人提供了非常好的人生机遇,你不抓住它,不努力,都对不起自己。"

8年后,2014年11月,当邹碧华得知长宁区法院年轻法官顾薛磊入围第十七届"上海十大杰出青年"候选人,主动联系小顾,给他做演讲辅导。邹碧华去世后,顾薛磊每讲起这件事,就抑制不住,潸然泪下。

从顾薛磊还原的当日场景里,多少能够理解这份荣誉在邹碧华心中的位置。

"我没有邹院长的手机号码。2014年11月15日中午12时左右,我正在吃午饭,突然接到一个陌生电话,一听,原来是邹院长打来的电话。"顾薛磊回忆,"他在电话中先恭喜我能入围二十强,之后,他问我是否已准备好现场的演讲和回答问题。当听我电话里支支吾吾不自信的回答时,他当即就问我周六下午以及周日上午是否有空,他希望能与我碰下面,谈谈他当年参加面试的经验。

"我当时很意外。那天上午10时,我们碰面后,他说:'你要把一个青

年法官最好的一面向评委展示，这样才能感动评委。因为二十强里，每一位候选人都做了十分优秀的工作。'

"他看到我情绪紧张，就安慰我：'不要紧，紧张是正常的，当初主持人唐蒙演讲时也紧张得连喝了两瓶矿泉水……'他跟我讲当初他的选题，他说我们要把自己最真实的一面展示给评委看，让他们了解我们法官，了解我们这一代法官的憧憬。

"他的选题是'做一个有良知的法官'。这是因为，他1988年北大毕业后独自来到上海找工作，经过努力考入了上海市高级法院，他打的第一个电话就是给在老家的母亲，只有小学文化的母亲反复叮咛他，'要做一名有良知的法官'。

"他当着我的面，把8年前的稿子又琅琅背诵了一遍。他和我说，你参加这次评选，你不仅代表了长宁区法院，更代表了上海法院。长宁少年庭成立三十周年了，上海法官需要更多的杰出青年走向前台，让更多的人来认识我们法官，来了解少年庭法官三十年的付出，了解少年庭的孩子们需要社会的关爱，一次评选的成功，远远大于你做十件事情的成功。你只许成功，不许失败……

"我演讲稿中有这么一句话'有朝一日，我们一定能像国外的法官那样，一个电话就能让儿童福利局的工作人员来到法庭，一纸令下就能让警察24小时保护孩子。为什么中国的法官要比外国的法官差……'有些人对此提出异议，怕引起现场评委的反感，对我打分有影响，建议修改。但有同志悄悄告诉我，我的稿子被她传给邹院长过目，是他加上了这句话。他想表达的是，我们必须认识这一代法官的责任在什么地方？我们确实与一些国家的法官有差距，只要直面差距，奋起直追，有朝一日，我们一定能赶超国外的法官，这正是我们这一代青年法官的憧憬。"

邹碧华最终没能在演讲现场给顾薛磊加油。12 月 13 日，邹碧华辞世后两天，顾薛磊得知自己赢得了第十七届"上海市十大杰出青年"的称号。"我知道，这不是我个人的荣誉，是我们整个法官群体的荣誉。"顾薛磊说。

顾薛磊恸哭失声，他再也没有机会对邹碧华说声"谢谢"了。

五

『庭前独角兽』

『燃灯者』邹碧华

邹碧华为自己的微博取名"庭前独角兽"。这个 ID 意味深长。在西方传说中,独角兽形如白马,诞生于大海的滔天白浪,代表高贵、纯洁和永恒不变的坚定;而在中国古代,独角兽獬豸是公正执法的化身。在燕园时,北大学生邹碧华就有"追求卓越,敢于担当"的强烈意愿。但是,在他20余年职业生涯中,面对种种偏离的诱惑,能将这份意愿一以贯之、百折不挠、戮力坚持,才是最可贵的担当。

他对中国法治的执着与担当,让许多法律人心折。其中也包括在不太规范的司治环境中,与法官成为"天敌"的律师。他去世之后,网上的悼念如潮水般喷涌而出。于是,有"不明真相"的网友疑惑,"不知道碧华为律师做了什么,让那么多律师怀念他?"著名律师陈有西在微博上回答:"是他为中国法治做了什么。他做得像个法官,一个真正法官的学养和操守。这一切,功利的世俗者是不会懂的。"

作为一位"真正的法官",这位"庭前独角兽"究竟为中国法治做了些什么?

2006 年邹碧华被评为"上海市十大杰出青年"时,官方曾这样公开介绍他的事迹——

邹碧华同志积极探索市场经济条件下民商事审判的规律,公正高效地审理了涉及国际托收规则、股权转让等大量疑难、复杂、新类型民商事案件,均取得良好法律效果和社会效果。

他主持推出的《关于加强民事诉讼调解的意见》,被最高人民法院采纳和吸收,推动了调解制度在我国审判实践中的运用。

他参与了我国《公司法》《合同法》等司法解释的起草工作,先后在全国性的核心刊物上发表学术论文 40 余篇,出版学术专著 6 本。

这些评价无疑给邹碧华带来了自我价值实现的满足,不过,真正令他内心充盈了幸福的,是他试图精准定义"法官",并付诸人生实践。

1988 年,刚刚入职,远在江西奉新的母亲就叮咛他:"要做一个有良知的法官"。

怎样算是有良知的法官?邹碧华始终在寻思。

"我在徐汇区工作时,有个案件由邹碧华主审。因案件法律关系复杂,涉及外宾,他没有顾忌内外之别,秉持公正,维护当事人的合法权益。"曾任上海市人大常委会委员、市人大法制委员会委员、上海市闵行区委书记,现任贵州省高级人民法院院长孙潮回忆,"碧华是那种不会讨好人、不会作秀,不会追求轰动效应的人。但他始终恪守司法良知,在每个案件中诠释他对法官内涵的理解。"

法官要专业、勤勉、公正,这自不必言。邹碧华自己曾说过:"上海有很多法官在专业领域方面是很厉害的。但做法官不仅仅是一个法律问题,而需要在做法官的过程中,慢慢培养法律以外的职业素养。"

2007 年,在时任上海高院副院长齐奇主持带领下,上海高院开展敏感资金违规入市的案件课题调研。其时,上海市社保基金案刚刚过去不久,在参与处理社会高度关注的上海社保基金追回专项工作时,邹碧华指导相关法院公正高效地审理了近 20 起社保基金系列民事案件。当追索 38 亿元陷入僵局之时，邹碧华提出先予执行的破解方案，为上海民众追回、保全了上百亿元。

通过对自 2003 年至 2006 年间相关案件的梳理，调研团队发现，仅上海高院、中院审理的 317 件证券纠纷案件中，涉及敏感类资金入市的案件就有 105 件，占了三分之一，案件总值约达 63.21 亿元。

上海高院为这次调研专门举办了新闻发布会，详细公布调研结果，通过充分的信息公开，对公共敏感资金入市进行预警。

这次新闻发布会引发媒体强烈关注，成为社会焦点。据《新闻晨报》记述，此次新闻发布会所公布的一件件案例触目惊心：

2004 年 1 月，某大学投资的 3 000 万元，委托银河证券代理国债投资。当时，银河证券保证，委托本金不受损失，收益率不低于 7％。结果，银河证券将该笔资金用于买卖股票，最后只偿还投资资金 1 400 万元及收益 105 万元。由于这笔钱是教育资金，数额巨大，一旦巨额损失不能及时追回，学校教育工作将相当被动。在法院主持下，最后双方达成调解协议。

这不是个案。上海高院发现，2003 年至 2006 年间，很多案件涉及教育资金、房屋维修基金、工会职工互助基金、信托资金、国企资金、公用事业资金等敏感类资金。

以上海市房屋维修基金入市为例。2003 年 8 月，房屋维修基金管理中心和汉唐证券签订委托协议,委托购买 3 亿元国债。此外,还签订了一份《委托国债投资补充协议书》。合同除约定委托方将资金委托给汉唐证券进行国债投资管理外,还约定:"在委托有效期内,汉唐证券可以进行相应的债券回购,并对回购出的资金具有使用权。"

而根据建设部和财政部颁布,1999 年 1 月 1 日起施行的《住宅共用部位共用设施设备维修基金管理办法》,维修资金可用于购买国债,但不可进入股市。

但是,2004 年 8 月,在汉唐证券陷入危机、资金链紧张的情况下,上海市房屋维修基金自行操作,将国债全部转为等值股票。

由此,通过购买国债,国债回购洗白,本不可进入股市的公共资金——上海市房屋维修基金曲线进入了股市。

"在上海市法院审理的案件中,几乎所有公共类资金都走了这条通道。"邹碧华说:"公共资金买国债,第一步看上去合法,但是通过国债回购,本不许进入股市的公共资金就'曲线'入市了。"

资金"洗白"几乎是这些敏感类资金入市的通常手段。所谓"洗白"过程,就是单位和证券公司签订委托协议,买卖国债。证券公司再通过国债回购方式,将资金转而投入股市和期货市场。如果赚钱,大家坐收渔利,若发生亏损,往往就对簿公堂。

新闻发布会上,邹碧华坦言,类似案件审理往往对单位不利。"单位与证券公司签订协议,约定了高额回报,就可以认定是委托理财,默许资金进入股市。"

"我们担心的是,这一轮牛市又会产生多少新的证券类案件,会累积多少风险。"邹碧华进一步解释说,司法实践中有个规律——牛市中违规操作增加,而风险被掩盖;进入熊市后,风险就会暴露,案件增加。从2001年沪指2 245点之后,A股经历过4年熊市。从2003年开始,上海市法院即开始陆续接到敏感资金委托理财类的诉讼,2004年、2005年,是证券类案件诉讼的高峰,2006年进入尾声。

怎样堵住通过国债回购"洗白"资金曲线入市的漏洞?"必须从交易环节下手。"邹碧华接受媒体采访时说:"其一是加强对国债账户内交易情况的监管,避免回购资金被挪用;其二是要建立相应的责任追究制度,现在的情况是:证券公司挪用客户国债账户内的资金不承担法律责任,资金持有人账户内资金被转移走了也不闻不问,不承担责任。"

诸多媒体忠实记录了2007年6月21日这场新闻发布会。发布会后第二天,上证指数收于4 091点,下跌139点,跌幅3.29%。

邹碧华从这样的研究工作中找到很多乐趣。有一次,他和媒体谈论当庭长的感受:"对一个疑难案件的定夺,不仅要考虑相关的法律法规问题,还需要考虑到社会的影响、法律的伦理等方面。""我特别喜欢这样的生活,可以自己查阅大量的资料、大量的书籍,对一个法律问题进行深入的挖掘,直到最后找到解决的办法。其间,可以和很多专家就某一个问题进行探讨,触类旁通,研究很多东西,这让我收获颇多。"

所谓法律以外的职业素质，除了敏锐的洞察力、强烈的社会责任感，还有理性的温度。在邹碧华看来，一个好的法官光靠扎实的专业知识不够，专业知识如果不与社会生活相结合，如果没有人文精神的滋养，就会干瘪无味。

2008年6月，邹碧华到上海市长宁区人民法院任院长。基层法院案子琐碎，要直面老百姓。"当时邹碧华刚过40，长宁区法院领导班子7个人，他是最年轻的一个。我听说他是个博士，还喝过洋墨水，就担心他会不会比较理想化，与基层实际脱节。"长宁区法院副院长胡国均回忆。

胡国均很快发现，这个博士不是个"书呆子"。"他善于调研，乐于了解基层。中国基层社会很复杂，不了解社情、世情，就无法开展工作。"

直至生命燃尽的最后几年，邹碧华始终关切：怎样让专业知识与中国社会实际相结合，让法律更有温度。

2009年，长宁区某小区进行空调统一改造。这本是件惠民的事，可是，小区有位老人却不乐意，上上下下信访未果，要到法院来立案。

原来，老人有心脏病，刚开完刀，需要静养。可是，隔壁的空调装在他房间下面，施工着实影响了老人休息。

上海世博会临近，立案必定会影响施工进程；不立案，老人问题怎么解决？邹碧华知道后，让承办法官再去现场，最终商量出一个方案：施工期间给老人补贴，让老人在外面租房过渡。

老人这下倒感动得不好意思了，他说："不能因为我的小事而影响世博会大事,案子不立就不立了。"

中秋节到了,老人收到了一封来自法院的信和点心。信中,邹碧华写道:"我们对您以国家利益为重的精神深表感谢。我们继续会对你存在的困难给予极大的关注,并及时提供必要的服务和帮助。"

后来,承办法官去回访,老人说:"你们过来我已经很知足,你们院长还亲自写信给我。现在,我的心情真的很好,身体也很好。"

"基层法院针对都是零碎的小事情。从学校出来,大家都觉得法官很高大上,实际上,你面对的许多零碎的事情不是刚性的法条能解决的。"长宁区法院办公室主任曾俊怡说:"比如,空调装在哪里的邻里纠纷,法律上可能很容易判决,但实际上,案子判完,邻里纠纷并没有解决,矛盾仍然在那里。邹院长强调的法律人文关怀,是要找到问题的症结,是法律上的,还是社会上的,或是当事人心里的,这要靠法官自己掂量。因此,他鼓励法官学心理学,学会协调,学会调研,将专业知识和社会生活结合起来。"

也是 2009 年,夏初的一天,年近 6 旬的李培亭和妻子满脸愁苦走出上海血液中心。他们本打算献血救孙子,无奈身体条件不合格。两人沿着上海血液中心蹒跚向前,没多远,猛然瞥见长宁区法院大门,李培亭停下,看了看妻子,说"走!"

原来,李培亭的孙子铭铭 5 岁时,突然发现患上了白血病,前后经历了 30 多次化疗,生命垂危。铭铭父母离异,两人都抛下孩子不管,铭铭自 3 个月大,就靠爷爷奶奶抚养。母亲每个月只支付 300 元抚养费,父亲则

"人间蒸发",杳无音信。当时李培亭的协保工资仅500多元,妻子工资也才1000多元。

高昂的医疗费压得李培亭夫妇透不过气来,听说只要直系亲属献过血,孩子以后用血就可以免费。夫妇俩跑去血站,要求义务献血,却被告知爷爷超龄,奶奶有糖尿病,都不能献血。老两口去央求铭铭的父母,希望他们能为孩子去献200毫升的血,却遭拒绝。

献血不成,那就卖房子吧。但房子上有儿子的名字,儿子根本找不到人影。走投无路的李培亭走进了法院,以孩子名义,状告父母不尽抚养义务。

此前,还没有过未成年孩子状告监护人的先例,而且身为爷爷的李培亭也无法作为孩子的代理人参加诉讼。法院迟迟没能立案。

邹碧华得知后,召集立案庭和少年庭法官一起研究法律依据。"邹院长很着急,他说,孩子生命危在旦夕,我们当竭尽所能去帮他,现实法律有障碍,但并不是就没办法了。"顾薛磊回忆。大家讨论下来,在当时情况下,孩子状告父母行不通,如果由爷爷作为原告起诉孩子父母,要求他们支付代为抚养孩子的费用以及医药费,这条路能不能行得通?

这一年的8月29日,此案在长宁区法院开庭审理,经法庭调解,铭铭父亲愿意将两套房产中享有的权益折价为孩子的医疗费、生活费,在办理产权过户手续后,该案以原告撤诉结案。

虽然案子结案了,但长宁区法院对铭铭的关爱一直延续到今天都没有停止。6 年来,承办此案的顾薛磊和少年庭其他法官时常到医院或家里陪伴铭铭,铭铭的病情也有了缓解。医生说,铭铭能生存下来,真是个奇迹。后来,李培亭夫妇主动办理遗体捐赠手续,以回报社会关爱。

邹碧华去世前半年,曾用心策划了一部微电影——《寻路——上海法院少年司法 30 年》,这部片长 19 分钟的微电影,讲述了上海少年司法审判经历的艰辛与困惑。从创作、拍摄到最后的剪辑,邹碧华都亲自参与。每个镜头的运用、每句台词的穿插,邹碧华反复推敲。

这部微电影回访了 30 年间数个涉案青少年及其家属。片中,邹碧华没有回避少年司法审判中存在的诸多困扰与瓶颈。在微电影后期剪辑的一次讨论会上,他对主创人员说:"我们要寻找少年审判发展 30 年中最有价值的地方。"

在邹碧华看来,法官最大的价值,莫过于直面现实问题和中国国情,突破司法审判存在的困扰和瓶颈。

邹碧华曾经在一次演讲中谈到法官将"价值观转为行动方案的九个能力"时说:"我们办理的案件,可以说 90% 不是法律问题。很多案件,法律关系比较简单,难在事实和感情问题上。当事人的情感怎么把握,事实怎么认定,家务事证据规则上的缺陷是比较明显的。我们平时要花时间学习它总结它,想办法在证据规则上总结出一批有意义的案件。"

那部被广为传颂的《要件审判九步法》,就是邹碧华通过对一些案件的分析、总结、归纳写下的。九个要件审判步骤,环环相扣又层层递进,清晰地勾画出法官审理案件的思维导图。该书一经出版,就在法律实务界产生巨大影响。到了2015年1月,法律出版社已经第12次重印。

"他开始并没有想到要写书,平常工作中有些思考,就记录下来,经常写,慢慢就集成了一本书。"唐海琳回忆。

为什么要总结"要件审判九步法",2010年1月11日的《人民法院报》曾对此有过详尽的报道——

2008年6月,邹碧华调任上海市长宁区人民法院院长,当时,有很多超过一年还未结的"老"案。把这些案子逐一听了一遍,邹碧华发现,80%的案件之所以没结,主要是因为3个"不固定":诉讼请求不固定,诉讼主张不固定,证据材料不固定。双方当事人争得很厉害,但说的不是一回事,不在一个点上。法官跟着当事人一起做无效劳动。

效率低下只是一方面,一些案件由于法官审理的基础法律关系与当事人选择的法律关系不同,案件的审理思路出现错误,使得裁判结果也出现问题。

几番参与庭审调研,邹碧华发现,审判质量和效率有问题,根子出在法官的思路上。他决定提出一套行之有效、可以操作的审判方法,为法官的审判思路树立一个可以统一遵循的模板。

经过几个月的调研分析,邹碧华提出"要件审判九步法"——以实体法律规范的构成要件为基础,以案件争议的法律关系为主线,从固定权利请求,到争点整理,再到要件归入并做出裁判,审判过程分为九个逻辑严密、环环相扣的步骤。法官在接手案件后遵循这九个步骤即可得出裁判结果。

比如,民事法官在审理案件时,第一步先引导当事人固定权利请求,剔除矛盾或明显不当的请求。固定好诉讼请求,案件审理有了确定的出发点,就很少遇到反反复复又回到起点的情况了。如果原告一会儿要求解除合同,一会儿又要求继续履行,不尽快固定权利请求,法庭审理就会变成没有方向的"无轨电车"。

固定了权利请求,下一步就是识别权利请求基础,即找出案件判决所要依据的基础性法律条文。

紧接着,识别抗辩权基础,进行基础规范构成要件分析和诉讼主张的检索。

这些工作做完后,关键的一步是争点整理,要求准确、具体,紧紧围绕要件事实,这是考验法官功力的一个重要环节。

经过要件事实的证明和认定,最后一步就是要件归入,也就是把查明的事实与法律条文进行对照,与法律条文的构成要件完全相符的,就可以作出支持原告请求的判决,否则,即应驳回。

《人民法院报》还详细记述了"要件审判九步法"在长宁区法院的实践结果。

2009年1月,"要件审判九步法"在长宁区法院全面推行。这一年,民事法官人均结案 304.6 件,比上年增加 30.5 件;案件平均审理天数 47.17 天,比上海市基层法院民事条线的平均水平少了近 20 天。

标准化的裁判步骤,严格遵循法律要件,减少了法官的主观随意性,提高了法律适用结果的统一性,同案同判有了很大保证。同时,法官的裁判理由更加直观,当事人的服判息诉率明显上升。

这篇报道在全国各地法院引起强烈反响,不少法院到长宁区法院来交流"九步法",于是,邹碧华决定干脆写一本讲义。

2010 年 8 月,邹碧华的"九步法"终于成书。《要件审判九步法》出版后,一纸风行,被业界誉为"庭审工具书"。

中国政法大学教授赵旭东在一篇书评中评价:

"法官是如何做出裁判的? 对这一问题的思考贯穿于理论研究的始终。现有研究的视角主要有两种:第一,理性主义视角。即从法理学的角度研究法官的思维过程。在此视角下,裁判的做出过程,或者遵循法条——事实——裁判的理性主义思路,或者遵循事实——判例——裁判的经验主义思路。第二,非理性主义视角。即从心理学的角度研究法官的思维过程,探寻决定裁决结果的情绪、情感、意志等非理性因素。

"邹碧华的著作《要件审判九步法》一书,可被视为对法官裁判方法进行研究的第三种路径——实证的方法。

"《要件审判九步法》中的法官应当是'服务型'的法官,不仅应当自觉尊重当事人依法处分自己实体民事权利和民事诉讼权利的行为,而且应当从细微处着眼,将服务理念贯穿于裁判服务的全过程。只有这样,才能使审判的过程不仅仅是一个僵化的法律适用的过程,而是一个实现社会正义、维护社会稳定的过程。"

《审判要件九步法》令人耳目一新、过目难忘。它化繁为简,将事实认定与法律适用的纷繁过程创造性地分解为九个环节,环环紧扣,层层递进,使裁判的形成过程不仅成为一门科学,更成为一种艺术。

2014 年 12 月 14 日,邹碧华的葬礼在上海龙华殡仪馆举行。盖棺前,唐海琳在邹碧华枕边放下一本《要件审判九步法》,"那是他一生的骄傲!"

后来,唐海琳在新版《要件审判九步法》的序言中写道:

"很多次,碧华和我晚上一起跑步锻炼的时候,他都会说起他对审判工作的一些想法:做法官,就必须承担得起当事人的'期待',承担起法官的责任,不光要有卓越的价值观,还要有能力实现司法的价值目标⋯⋯有的时候他会说一些工作中发现的部分法官缺乏法律适用方法的训练,他认为思维方式甚至比专业知识更为重要,专业知识有据可查,而思维方式是靠长期专门训练而成的⋯⋯"

"'技可进乎道,艺可通乎神',从实践中总结提炼而成理论,再用理论去更好地指导实践,从而让一名法官能够'像个法律人一样地思考',进而'能够让带着满脑子浆糊来到他的法庭的当事人,带着清晰的答案离开',这就是碧华的理想。"

六

从『可视化』到『标准化』

2008 年,滕一龙离开上海高院之前,应组织部门之请,推荐了 8 个年轻干部,并由高院、中院、基层法院所有领导班子成员投票。结果,投票的票数顺序,和滕一龙的推荐顺序一模一样,邹碧华名列第一。

这一年初,邹碧华被选派到上海市委党校中青班学习,学业尚未结束,一纸调令,任命他为上海市长宁区人民法院院长。

是年 6 月 25 日,邹碧华走马上任。傍晚时分,长宁区法院法官张枫走到办公室窗口,放松一下,准备下班。忽然,他瞥见一个挺拔的背影,"嘿,那个'博士院长'来了!"

"这个背影我一辈子记得。他一直那样,身板挺拔,风度翩翩,连鞋子都擦得一丝不苟,永远那么锃亮。"张枫回忆说。

邹碧华要到长宁区法院当党组书记、院长的消息,很早就在张枫和他同事间传开了,知道他是博士,也知道他喝过洋墨水,处理过许多疑难案件。但基层法院管理少有大案要案,"鸡毛蒜皮"更多,这个博士能接地气吗? 水平到底怎么样?

上任第一天,邹碧华就遭遇了一场"考试"。

6 月 25 日下午的宣布任命决定的仪式刚结束,副院长张天轮便向邹碧华汇报:"有件紧急的事情需要开党组会讨论一下。"

"好!"邹碧华应声道。此时,已是 17 时 45 分。

会议讨论的是一个老信访户的化解方案。该信访户因医疗纠纷案,不服判决,不断上访。院党组成员发表了各自意见,然后就等着邹碧华发话。

邹碧华笑笑说："我要面临考试了。"他提了几个问题，很快把案子思路理清楚，随即说道："化解方案来之不易，大家都做了大量工作，但要注意和信访人讲明白道理，我们的判决没有问题，但现在是涉及帮困。"

到长宁区法院赴任前，邹碧华走访了一些曾经在长宁区法院工作的人，拜访了多位老领导，请教法院管理经验，做了大量准备工作。但他发现，基层法院的问题和挑战，远比他想象的要多。

邹碧华感到空前的压力。他在后来的一份工作总结中写道：

"成为一名管理者，意味着要从专业思维转为管理思维。坦率地说，在走上庭长岗位时，我并未接受过管理方面的系统训练，只是凭着感觉和悟性抓管理。但总体上，庭长岗位在管理上给我的考验并不算太大。"

"2008年，组织上安排我担任长宁区法院的院长。一个300多人的基层单位，大小事务涌到面前：干警心态不够振奋；信访案件居高不下；执行投诉信让我夜不能寐。我感到了空前的压力。"

"这是你必须经历的一场考验，有压力就对了。"滕一龙对邹碧华寄予很大期望，当邹碧华请教自己该注意些什么，滕一龙说："你要增加管理经验，把事情做对是方向，把事情做好是标准，把事情做巧是方法。"

管理经验来自哪里？邹碧华利用上海市委党校中青班的学习空隙，抓紧时间一口气读完了30本管理学著作，包括德鲁克的《管理的使命、责任与实践》《卓有成效的管理》，彼德圣吉的《第五项修炼》，吉姆克林斯的

《从优秀到卓越》、《基业长青》，以及远藤功德的《现场力》、《可视力》。后来，这些书被他列进长长的阅读书单中，推荐给他的管理团队和年轻法官。

"从企业管理中汲取经验，这是邹碧华对法院的定位。他认为法院是提供司法服务产品的，而不是一个行政机构，不能完全是行政化那套管理模式。"韩华说。

管理管理，要管好，首先要梳理问题。

2008年6月，邹碧华第一次去开全市法院院长会议，邹碧华发现，长宁区法院的审判绩效评估指标中"信息输入差错率"这一项在全市排名垫底。回来后，邹碧华召开党组会，特地讨论了这件事，希望"大家以后注意一下，改进一下。"

一个季度后，邹碧华再去开院长会议，结果发现差错率不仅没有减少，还增加了。这其中究竟有什么问题？邹碧华让区法院研究室、技术科将这些数据找出来，具体到某个部门、某个承办人。数据全部统计出来，邹碧华让他们做成表格发给大家看，一一对照整改。

这一年年底的法院院长会上，邹碧华发现，长宁区法院的数据排名跑到前面去了。

"从问题入手，扎实调研，寻找可操作的解决方案，这是邹院长对'墨菲定律'和'破窗效应'的运用。"张枫回忆说。

在后来的一次讲座中，邹碧华特别谈到法院管理的"问题意识"。

"法院院长最大的敌人,是不知道有没有问题、不知道哪里有问题、不知道是谁的问题、不知道问题背后的问题以及怎么解决问题,对于一个管理者来说这些是最大的敌人。在实践中,有很多被我们熟视无睹的现象,存在着大量的问题,但是因为大家已经习惯了,就不认为这是问题了。管理学上有一个'破窗理论',意思是一幢楼里有一个窗子被打破了,如果没有人去维修,不用多久这幢大楼的窗都会破掉。"

"邹院长在司法实践中发现,一个人的问题,往往会上升为多个人、一群人的问题。邹院长给我们举了大野耐一的理论:客户投诉是促进企业成功的最好契机,不要抱怨,不要逃避,深入思考,积极应对。"张枫回忆。

大野耐一曾经是丰田机车工业公司副社长,被日本人誉为"生产管理教父"。邹碧华通读了大野耐一的著述,他的现场管理、精益生产的理念,被创新性地改造后运用于日后长宁区法院管理实践的诸多环节。

2009年1月17日、18日,长宁区法院召开党组会。邹碧华用62张PPT,把存在的问题逐一梳理。

而这基于解决问题的管理革新,从企业管理经验汲取营养的管理理念创新,最后演变成一场深刻的基层法院革命。此后4年,在长宁区法院这个舞台上,邹碧华将他多年来对于法院管理体制、运行机制的思考,关于司法体制改革的设想,倾注其中,他心中未来法院的雏形也渐渐清晰。

邹碧华把信访和执行作为法院管理革新的两个切入口,这恰是基层法院所面临的"老大难"问题。

法院主要工作是案件审理,邹碧华为什么要特别关注信访? 最初,包括张枫在内的许多人都以为,邹碧华关注信访主要是为了应付上级的指标考核。"后来,我发现,我们都错了,这里面有他的管理理念在。"

在邹碧华看来,信访是法院接受投诉的客户服务部门。各种各样的投诉,反映了法院提供的公共司法服务即法院产品的缺陷,究竟是工序问题,操作问题,还是什么别的原因,都能从中看出端倪。甚至,信访过程也反映出法院工作人员的素质。从这里入手,找到原因,对症下药,才能从源头上解决问题。

邹碧华还将解决信访问题作为重塑法院形象的良机。"邹院长曾经和我交流过法院社会认同度的问题。他说,如果信访问题处理不好,有一个人说法院的坏话,他的破坏力远远超过十个说法院好话的人。"张枫回忆。

怎么解决这些"老大难"? 邹碧华用了4个现代化:数字化、标准化、可视化、人性化,这个"四化"构成了邹碧华现代管理的实践体系。

在理清信访问题的基础上,邹碧华主导开发了一套信访管理软件,每一名相关人员都能通过这套软件,查询一件信访案的来龙去脉——什么时候收到信;经过哪几位法官的手,分别花了多长时间做了哪些处理;现在谁在负责处理这个案子;信访人目前去向如何,每个环节网上留痕,随时跟踪。

所有的信件扫描后，在网上办理，任何有权限的人都可以看见信件处在哪个环节。这是他在法院的第一个信息化动作。这也是全国第一个信访软件。从某种程度上，这个软件就像他"生"的儿子。

时任长宁区法院信访办主任的滕道荣感觉压力很大。

"我们每天输入的信访信件他都会看，然后签发给各个部门处理。中午时候也常常被他叫过去，问具体的案子处理得怎么样了。他不只在网上看数据，还要听具体的案例回报，追问处理结果。"滕道荣回忆。

"他要求我们做投诉率分析，哪个部门被投诉得多，投诉的原因是什么，要逐一分析比对。我挺为难的，这不是得罪人的事儿吗？邹院长说，投诉问题多就意味着我们的法院产品出了问题，产品质量出了问题总得找原因，怕什么？"

从 2009 年开始，长宁区法院信访投诉率连续四年以超过 30％的比例递减，多次被评为市、区政法系统信访工作先进集体。

与此同时，案件执行的管理改革也在紧锣密鼓地进行。执行难，几乎是所有基层法院难啃的"硬骨头"。

初到长宁区法院时，邹碧华调取了 60 件执行中止的案件仔细分析：哪些执行中止案子还可以去查一查，财产线索还没有穷尽？哪些需要当事人提供新的线索？

"邹院长发现，有些执行工作不到位，是因为没有帮当事人穷尽财产线索，在很多法院，当事人没有财产线索可查就只能中止，这是一个基本的常见操作模式。"长宁区法院刑庭法官周俊宜说："他首先设计了一项制度，让操作流程标准化、可视化。他列了一张表，写清楚八条财产线索，个人的银行存款账户、证券账户、车辆线索、房产登记、工商登记等等，一一对照告知当事人。"

活儿派下去了，邹碧华的思考没有停止。为什么执行投诉率比较高？是不是机制方面出了问题？他发现，所有执行案件都是一案到底、一个人负责，缺乏必要的监控和跟踪，出了问题很难发现。能不能采取执行流程分段式管理，把原来一人一案的执行模式为四个阶段？这四个阶段执行流程全部上网，每一阶段流程进展情况都看得见，相互制约、相互监督。

然而，要打破几十年来执行案件的办理模式很难。执行干警反应激烈，分管执行工作的副院长提出，这项工作是否能缓一缓，以免影响到执行绩效的数据。邹碧华说，只要改革方向是正确的就要坚持下去，哪怕我们执行一时绩效不好也没问题。

事实上，改革两年后，长宁区法院的执行绩效迅速提升，位于全市前列，执行的信访率也有了大幅下降。

后来，针对信访、执行两项改革中的可视化管理探索，邹碧华曾专门做过一个讲座，他说："我们在工作中存在的一些问题，尽管你很重视，党组会上也说了，分管副院长、庭长也都表态，但为什么到后来就是抓不好？因为没有人觉得是自己的问题，大家都觉得是别人的问题。管理过程中有很多东西我们看不见。因此，我觉得可视力理论非常重要。"

可视力理论源自日本管理学大师远藤功,在其专著《可视力》中,远藤功提出了五个"看得见"——工作目标看得见;工作现状看得见;改进方法看得见;改进效果看得见;价值导向看得见。

事实上,在上海高院民二庭做庭长的时候,邹碧华就曾尝试着探索管理可视化、标准化。当时,为了降低裁判文书的差错率,他做了两件看起来很小的变革。一是把庭里所有曾出现过的差错列成清单,发给大家传阅;二是给每个人做了备考表,每次裁判文书发出去之前,与备考表上的常见差错问题核对一下。这样一来,民二庭裁判文书差错率迅速降到了最低。

邹碧华这样阐述他对可视化管理的理解:

"一定要把价值观转化为具体行为,我们经常说工作要做好,怎么叫好? 我们不知道。这就是价值观不能转化为具体的行为,不能转化为我们判断事物的一个标准。布置工作时,有时候分管副院长、庭长往下面布置工作,他们设立的目标是'尽快完成','一定要把这件事情做好',或者工作报告里经常出现的'要公正高效地履行好职责'……这些话都对,但是能够落到实处的很少。"

"目标模糊会影响到我们的执行力,所以我们布置工作的时候要避免一些不恰当的布置方法、不恰当的目标。比如以过程来表述、时间不确定、无法完全实现、完成形式模棱两可、过于简练、不清楚、太长太复杂等。恰当的目标要有一个具体的结果,确定的时间,可实现的、完成的形式和精确的数量，这样就有了执行力。此外，目标要具有可评估性，在可行的范围内尽量实现数字化，也就是目标可视化。"

"同时，工作现状也要看得见。最影响法院凝聚力的一个问题就是做多做少看不见、做好做坏看不见，这两点如果我们体现不出来、领导也看不见，就是对做得好做得多的同志的一种伤害。这一点我深有体会，当你把机制理顺以后，大家的精神面貌也会为之一振，这一点很容易感受到，你走进一家法院，看大家脸上的笑容，能感觉得到他们的精神面貌好不好。"

在升级信访投诉监控系统、开发执行流程信息控制系统的同时，邹碧华还带领长宁区法院开发管理台账信息系统，让管理行为可视化，把管理目标、职责、要求及进度监控标准化、程序化，重点解决中层干部管理能力参差不齐和执行力的问题。建立非审判岗位绩效考核信息化系统，让工作实绩可视化。

邹碧华在长宁区法院可视化管理的探索，为他日后回到上海高院力推几大数据平台提供了前期实践。

邹碧华后来在总结这段工作时说：

"作为一名领导者，最重要的是什么？应勇院长曾跟我说，优秀的领导者应当让自己更多地关注那些对事业发展更具决定性的东西。"

"当前法院管理存在着长效性不足和差异性大两大缺陷，具体表现为'四个不清晰'：管理目标、职责、要求及成效不清晰。这导致管理行为缺乏一致性和稳定性，无法形成长效机制，管理过多地依赖于管理者个人。"

"因此，我提出要探索一种'可视化'的管理模式，即通过定型化的制度和机制来实现管理目标、职责、要求及成效等基本管理要素的可视化，从而确保管理行为的相对一致性和稳定性。"

2010年，在中央党校学习的邹碧华，有一次到日本集体学习考察的机会。在神户，邹碧华去逛了逛百货商场，近距离考察了日本商场的标准化管理。

这家商场规模较大，每个楼面的面积很大，区域也较多。顾客非常容易转向，没了方向的邹碧华就去咨询台问路。

咨询台里坐着一位50岁左右的女士。她弄清楚问题后，马上从身旁取出一张商场地图，指着地图告诉邹碧华当前所站的位置，用笔圈了出来，然后告诉他要去的地方在哪里，也用笔圈了出来，之后用笔把两个点之间的路线连起来，再用手指出出发的方向和第一个转弯处，问邹碧华是不是搞清楚了。邹碧华很惊讶：她怎么会说得那么清晰具体？

邹碧华好奇心上来了，他又来到另外一个楼层，故意又问了次路，结果与上次几乎完全相同。

后来，在大阪等地的大商场，邹碧华继续有意识地问路，结果基本相似。

法院能不能借鉴日本商场的管理方法？在2012年4月1日博客中，邹碧华详细记述了这次"意外收获"。

他写道：

"长期以来，我们法院的立案接待窗口一直是投诉比较集中的地方。有时我们的接待法官没有一次性地告知其应补齐的起诉材料，致其来回折腾。有时不同的法官对同一件事情有不同的解释。还有时法官的诉讼指导没有说清楚，等等。仔细分析一下这些投诉，其中一个很重要的原因就是，我们缺乏具体行为标准。"

"日本商场中的统一化具体服务标准的方法，能不能在法院管理中推行？如此，我们就可以在一个方面把'司法为民'这句口号转化为具体行动。"

邹碧华带领长宁区法院领导班子制定了一系列制度标准，比如立案审查要件清单、立案补充材料告知清单、诉讼告知事项、管辖权审查要点等具体标准，把各个环节和细节都固定下来，通过推行这些标准，提高立案接待等各项工作水平。

这其中还包括《群众工作接待规范场景设计 65 例》。这 65 例包含了立案、审理、执行、信访等阶段的各种突发情况，大到群体人员聚集在立案大厅要求立案，小到残障当事人来院时的迎接，事无巨细，每个场景都列出了不妥当的做法、正确的做法以及规范理由。

长宁区法院的人们，尝到了规范与标准化的力量。

七

精耕『试验田』

邹碧华的阅读书单上,除了管理学、大数据之外,还有心理学。对心理学的广泛涉猎,不仅帮助邹碧华调整出最佳工作状态,还为他的法院管理创新洞开了一扇门。

到长宁区法院不久,有一次,邹碧华主持研究执行接待的会议,突然有人打电话进来,说楼下有一位老人大吵大闹,谁都摆不平,要让会上的谢寿山法官赶快去一下。

会议只好暂时中止。邹碧华想,至少要等 15 分钟到 20 分钟才能搞定吧。结果,5 分钟后,谢寿山就回来了。

邹碧华就问他,"你怎么做到的?"

原来,谢寿山下去一看,是位老先生,就先轻轻拍拍老人的肩膀,问道:"老先生,你高血压有没有?心脏病有没有?"

老先生愣住了,回过头说:"有啊!"

谢寿山劝道:"哦呦,那你不能激动,对身体不好。"

老先生一听,赶紧到旁边坐下来。谢寿山倒了杯水给老先生,轻声问:"你有什么事情跟我说,我帮你想办法。"

老先生也平声静气地跟他说了具体要求,谢寿山立刻叫来一个同事,当着老人的面详细地讲了事件过程,并跟老先生说:"这位同志专门帮您处理,您慢慢说,不要着急。"

邹碧华一听,谢寿山这个做法有意思。

一次,长宁区法院邀请银河宾馆培训师到法院来培训接待工作。培训师的一句话,让邹碧华联想到了谢寿山的故事。

这位培训师说:"在星级宾馆,如果有人在大堂里大吵大闹,大堂经理不能在一分钟内让他安静,就是没本事。"

邹碧华又好奇了:他用的什么方法呢?

培训师说,"首先,接待的环境有讲究。人越多越兴奋,上海话叫'人来疯'。一般来说,我会第一时间把他请到边上,让他离开人多的地方。然后让他坐下,送他一杯咖啡,再跟他谈事情。"

邹碧华发现,银河宾馆培训师讲的几个动作,跟谢法官的做法相似,这里有共同规律,也有心理学的技巧在里面。司法过程中的接待、庭审、调解、信访,包括法官的自我心理调适及法院管理,都可以用上心理学。

结合所学的心理学知识,邹碧华总结出法院信访接待的三个规律:

第一,让当事人离开人多的地方。这叫观众效应。你把他隔离开,让他离开观众的视线坐到旁边去,他就会不知不觉平静下来,这种是一种心理学上的微妙作用。

第二,让他坐下来。心理学上第二个原理,站立效应。人站着的时候,比坐着的时候更容易激动,坐下来心情更容易平复。

第三个动作,送杯水,这是什么呢? 互惠效应。给他一点小小的尊重,他会回馈给我们一些尊重。

"不要小看这一分钟里的几个动作,实际上反映了心理学上的三个效应、三个原理,这就是专业水准。"邹碧华对长宁区法院干警说。

邹碧华特地组织人员去建行、环球中心学习礼仪接待,目标是"打造上海最精致的诉调对接中心,用五星级的服务,换得当事人对调解工作的理解和支持"。

长宁区法院审判大楼改造的时候,邹碧华又将环境心理学应用到其中。

原来诉前调解室用塑钢板做隔断,人和人之间很近,只要一个房间闹,情绪会迅速传染。邹碧华就专门辟出一整块独立区域给调解场所,设立了接待前台,每个调解房间的设计简洁、安全,桌子是圆角的,墙角是圆弧形的。

立案大厅被分隔出一个个小隔间,保障当事人的隐私权,也让当事人感到尊重;心理咨询师办公室里总是挂一幅比较宁静的图片,微波荡漾的湖水,或是安宁的大海,能够让当事人的心更容易平静下来。

邹碧华强调这种设计的心理学因素:"我们准备调解场所的时候,有一个要特别注意,不能有那种看上去有攻击性的东西,如剪刀或者铁棒等。为什么要避免有这种像武器的东西出现? 这个在心理学上叫武器效应,有尖锐的、攻击性的东西在现场,容易激发人的攻击欲望,所以不能让当事人接触到这类物品。"

将心理学应用法院管理当中,其实是邹碧华对人性的关切。

"我被他骂过一次,刻骨铭心。"张枫回忆。当时,长宁区法院正推进快件收发方式的改革,请来两个人专门负责邮件投递单打印以及收发工作。张枫负责为他们安排了一间办公室。

"当时,我在离前台比较近的地方找了一间办公室,但没注意到一个细节——这个房间没有窗,只有一扇对着走廊的门。"张枫说。

邹碧华过来看看,刚到办公室门口,脸色就变了。

"你能把这个房间做自己的办公室吗?"他厉声问道。

张枫一时没反应过来,愣在那里。

"一个没有窗户的房间,你待上一天试试? 你考虑过人家同志坐在里面的感受吗?"邹碧华问。

张枫看到邹碧华气得眼珠子都快瞪出来了,"我从来没见他发过那么大的火。"张枫说,"那天他不仅是骂我,也提醒了所有的在场人员,要从内心关心身边工作的人,不是形式上漂亮就行了。"

这一骂,张枫豁然开朗。他终于明白,为什么邹碧华会在调解员办公室安排一张沙发床……他始终考虑到人的需要,人不是机器,不是流水线上的部件,是有血有肉的个体,工作设计必须考虑到人的因素。

在退休员工何勇眼里,人性关切意味着尊重。

邹碧华到长宁区法院报道的第二天,便带着中层干部前往每个庭室慰问,一直埋在信件、报纸堆里的何勇怎么也没想到,新领导会关注到不起眼的收发室。

"何老师!"邹碧华进门叫了一声。

何勇心头一热,这个新院长有点不一样。

2009 年 12 月，邹碧华让何勇对收发室一年工作量进行数据统计。一个月后的新春茶话会上，坐在会场后面的何勇突然听到台上院长在提自己的名字——

"在恭贺新禧的同时，我们除了要感谢一线法官、书记员的共同努力，不要忘记感谢那些默默无闻的普通工作人员。像何勇老师，他这一年发放报纸 7 万份，发放杂志 4 422 本，与法警交换文件 3 800 份，收寄各类信件 35 600 封，处理退信 4 000 封，接待业务庭邮件查询、复印清单 2 300 人次，纠正信件差错近 200 封，节约邮费 760 元。让我们大家一起为何勇老师鼓掌！"

掌声雷鸣。

何勇站起身，深深鞠躬。这位在自卫反击战中担任过连队指导员、看过无数战友牺牲、经历过无数子弹从头顶擦过、三次大难不死的老兵，在那一刻泪流满面！

长宁区法院审判大楼里，留有许多邹碧华当年改革的印记。"事实上，这整栋楼从布局到内装修，都体现了邹院长的现代法院的理念和认知。"曾俊怡说。

长宁区法院的审判大楼坐落在上海市西区，紧邻交通主干道。它没有一般法院那种为刻意制造巍峨、庄严感而特别设计的超高进门台阶，更没有高耸的罗马柱，或是阔大的门厅，与普通的、现代写字楼并无二致。

"当时,是决定搬迁还是就地改造,还费了番周折。"胡国均回忆,"我们这个审判大楼,周边地区很复杂,一边是居民小区,一边学校,地方很小,加起来不过10亩土地,郊区法院一般有20亩土地都算是少的。邹院长来了之后,综合考虑各种因素,觉得我们在市区的位置很好,就地改造也能争取到区里资金支持,就果断拍板,就地改造。"

胡国均说:"邹院长当时对审判大楼改造有个原则,不能按照一般公务员的行政办公楼来布局、装修,要有现代法院特点,要体现法官中心的地位。"

整个法院分一座主楼和两座辅楼,主楼是管理中心及审判庭所在,其他诸如立案中心、诉调对接中心、诉讼服务中心、信访接待中心、电话接待中心、执行接待中心分布在两侧辅楼中。两边辅楼相对独立,保证主楼的审判庭和管理中心不受外界干扰。

曾俊怡参与了整个建设过程。"总体上,长宁区法院从外形到内部装饰都与其他法院有所不同:外观有现代感,内部很精致,色彩很柔和;每一层都有咖啡吧,营造轻松的氛围;没有厚重的大理石墙,取而代之不锈钢或是玻璃材质的建筑材料,进行空间分割。"

所有的改造设计都要求有数据支撑。

"立案大厅改造,我们先选了一个地方报给邹院长。当时他正在北京中央党校学习,每天晚上发传真了解大楼改造进度。"曾俊怡回忆:"那天晚上,他在传真件上批了很长一条意见。他说,你们不能只考虑现状,要考虑应急状况和未来案件增长空间,他建议我们对现在立案大厅人流数据搜集分析后,再考虑立案大厅的地方选择。"

后来,长宁法院又在立案大厅设置了上海法院系统第一家叫号系统,像银行一样。接待这段时间内,有录音,有时间,有视频监管,每一单接待时间多少,平均多少,取个平均值就显示出来,这样就有了对立案窗口的考核标准。

最令人惊讶的,是其给予每个法官一间独立办公室的设计,这在全国绝无仅有。

"邹院长宣布设计方案时,全院法官群情振奋。特别是年轻法官,几乎不相信自己的耳朵。在官本位的当下,一个独立办公室的配置体现了一种价值认同。"曾俊怡回忆:"在寸土寸金的上海,处级领导干部也未必一人一间独立办公室。而在长宁,只要你是法官,再年轻,也有个独立空间,面积虽说只有六七平方米,但为每位法官营造了一个可以独立思考问题的空间,也维护了法官的职业尊荣。"

为了实现这个设计目标,长宁区法院不得不压缩会议室等公共空间,同时对法庭的配置进行调整,跟踪调研全院的法庭使用率,采取集约化分配方式,设计了法庭调度管理系统。

独立法官办公室之外,是法官助理、法官辅助人员的开放式办公大厅,有助于法官与助理及辅助人员之间的交流。

这是对应邹碧华推行的法院人员分类管理制度改革的空间设计。

邹碧华在长宁区法院推行的法官助理制度改革，是他在美国联邦司法中心研究的题目。在美国进修一年，邹碧华发现，美国联邦法院的法官们把精力集中在控制庭审、研究专业问题和做判断上，法官助理分担了很多和法律有关的程序性工作，而大量的行政性事务由专业的第三方来负责。整个法院也是以法官和案件为中心来运作，其他部分都为法官服务。每个法官都有一间独立的办公室，确保能够安静思考，不被打扰。

而在中国，很多法院最常见的工作模式，是法官带书记员，书记员经过一定年限后考试晋升为法官。法官要做大量的事务性工作，包括质证、证据调查、写裁判文书等等。

在美国调研一年，邹碧华写下了4万字的调研报告——《美国联邦法院内部职责分工及法官辅助人员配置方法的考察报告》。

在这份报告的概述中，邹碧华写道：

"司法制度的根本目标是追求公正与效率。影响公正与效率的因素很多，涉及程序设计的合理性、司法人员的素质、一国的法律传统与文化等等。可以说，司法公正与效率是各种因素综合作用的结果。在影响司法公正与效率的各种因素中，法院内部职责分工的合理性起着非常重要的作用。法院内部职责分工合理与否，或多或少会对司法公正与司法效率产生直接或间接的影响和作用。法官辅助人员配置则是法院内部职责分工的一个必然结果。这两个方面的问题互相影响、互相作用，同时也互相制约。"

在这份考察报告结论部分,邹碧华详细论述了"美国经验对中国法院改革的借鉴意义"。他写道:

"面对案多人少的矛盾,解决司法效率问题的方法有几种,一是增加法官工作时间或提高法官工作效率;二是增加法官数量;三是增加辅助力量,使司法任务合理地配置到法官、辅助法官及其他辅助人员中去。

"从我国法院近20多年的发展历史表明,我国法院面对存案数量上升时,采取的基本做法是增加法官人数。但这种头痛医头脚痛医脚的资源配置方式,并没能有效解决案多人少的矛盾。相反,庞大的法官队伍,给我国的法官管理带来了非常难以克服的障碍。法官素质问题、法官待遇问题及司法不统一问题表现得比较突出,其中,最突出的原因就是法官包揽一切的诉讼思维,缺乏对司法辅助人员需要性的认识。

"目前,我国大多数法院法官与司法辅助人员的配置比例上都呈现'倒金字塔'结构,大部分法官必须处理从案件审理的开始、直至案件审理终结的各方面工作,几乎80%的事务均须由法官亲自完成。其结果是,高负荷状态下,法官的办案效率未得到有效释放,我国法官的人均结案数,比美国法官人均结案数低了很多。

"相反,美国联邦法院在这方面采取了以增加法官辅助人员为主,以增加法官数量为辅的方法。在对审判事务进行科学合理的区分、并能保证司法公正的前提下,强化司法辅助人员的配置,无疑对于保障司法的公正与高效起到了积极作用。一方面,建立司法辅助人员配置机制,确实能够使法官从大量繁杂的事务型工作中解脱出来，这种社会化大生产分工合作的模式，使得法官与司法辅助人员各司其职，分别将主要精力集中于专业领域，通过集约化、专业化来真正实现司法运行的高效。另一方面，强化司法辅助人员的配置，有利于将法官人数控制在合适的比例中，保障法官整体队伍的职业素质。同时，相对固定的法官总数使得人均司法资源得到保障。"

这份报告写于 2001 年 5 月，直到 9 年后，邹碧华终于有机会在长宁区法院这块"试验田"上，展开他对司法体制的深层思考和改革设想。

邹碧华在长宁区法院尝试法院人员分类管理，给法官"减负"。原来法院审判一线人员只分法官、书记员，邹碧华将审判辅助流程分为法官助理、庭室内勤、庭审记录、庭内的辅助人员以及文书归档。设立了专门负责记录的书记员，和案件排期等行政事务一起集中管理，不再放在各业务庭。原来的书记员改为法官助理，负责和案件有关的程序性事务，包括送达、调查取证，和鉴定机构、其他部门沟通等，并负责起草判决书的初稿。

改革后，长宁区法院法官的主要工作是主持庭审，并完成最终的判决文书。这样，法官的工作量大大减轻，有时间去研究案件、精心撰写判决书。

尽管长宁区法院人员分类管理这项改革试验，与邹碧华最初的改革理想仍有很大距离，但邹碧华终于有机会种下一块试验田，这无疑给他内心带来极大的愉悦——有什么能够比这更幸福的职业体验呢？多年的理想,一点点地在他手中呈现,就像一个孩子,终于用积木搭出了自己梦想的城堡。

这就不难理解,邹碧华由心底里生出的、对这份事业的热爱。

2012年11月,邹碧华被任命为上海高院副院长。得知任命下来后,整整三天,邹碧华坐在长宁区法院办公室沉默不语。在这个他倾注了生命热情的地方,很多改革试验刚刚起步,很多设想还没来得及规划,他满心不舍。

渐渐的,邹碧华的"长宁试验"被传开了。

2012年,远在北京最高院的法官何帆,通过微博认识了邹碧华。这位译介过一系列法学著作的最高院法官,注意到有个"庭前独角兽"的ID,经常语出不凡。谁呢? 有朋友告诉他,此人叫邹碧华,很厉害,写过《要件审判九步法》,那可是不少民事审判法官的案头必备,法院管理上也有不少创新。不过,何帆不是搞民事法的,听了也没有很在意。但他记住了这个人,出差上海,他不由得给这个ID发了私信,邹碧华很快回信,热情相邀。

这一年11月23日,何帆在长宁区法院初会邹碧华。

没说两句话,邹碧华就打开PPT,演示法院的可视化管理。"一个上午时间,他用3个PPT,系统展示了长宁区法院如何利用信息化手段加强审判管理、量化工作业绩、规范执行工作。介绍情况时,他语速很快,节奏感强,逻辑非常清晰。"何帆回忆。

"与某些法院'作秀式'的信息化不同,长宁区法院的信息化贯穿着实用主义理念,各种管理软件都是自主开发,完全以具体问题为导向,并根据使用效果不断修正。我与同去的同事感慨,与其砸那么多钱开发软件,还不如认认真真总结上海经验、研发推广。"

接着,邹碧华又带何帆参观改建的长宁区法院审判大楼。

立案大厅设了众多小隔间,保护并尊重当事人隐私;用圆弧取代直角,避免激发对抗情绪……更特别的是,每一个法官都有独立办公室,虽然很小,"给法官以尊严,碧华搭对了法官这个职业的脉"。

一开始还有几分漫不经心的何帆,很快被这个大自己 10 岁的"60后"触动了。

此时,邹碧华即将调回上海高院,做分管刑事的副院长。何帆诧异,"你可是民事审判专家啊?怎么管刑事?"

"什么都尝试一下,挺好,可以学嘛!我以前对自己的定位,就是民事审判专家,学者型法官,现在我想,做一个优秀的法院管理者,也值得去挑战!"

邹碧华离开长宁区法院时,长宁区法院已获得"全国法院指导人民调解工作先进集体"、"全国法院清理执行积案先进集体"等荣誉;他日日夜夜参与设计、推进施工的新审判大楼即将完工;369 个云计算账号、21 台虚拟化服务器已开设使用,长宁区法院率先进入崭新的"云计算时代"。

而邹碧华自己则积累了 40 多万字的管理日志,为他日后开拓上海法院系统信息化建设,投身司法体制改革大潮,积蓄了巨大的力量。

八

法治理想国

「燃灯者」邹碧华

1984 年 9 月,当邹碧华从江西奉新北上,新奇地走进北京大学大门的时候,山东小伙儿吕红兵正从山东济宁南下,到上海华东政法大学报到。

这个来自山东济宁泗水县城、与邹碧华同龄的小伙子,原本一心想学历史,却也误打误撞地学了法律专业。

经历 7 年学业、留校、直至下海,如今已经是国浩律师事务所首席执行合伙人的吕红兵,身兼数职——中华全国律师协会副会长、金融证券业务委员会专职委员,第七届上海市律师协会会长,上海仲裁委员会、上海金融仲裁院仲裁员,香港基本法研究中心高级顾问。

同在上海司法领域 20 多年,吕红兵和邹碧华真正有交集,是在 2001 年。

"在一次上海国际经济贸易仲裁委员会举办的仲裁员培训会上,我们认识了。"吕红兵回忆,"当时,他是上海高院民一庭副庭长,受邀给大家讲商事审判。他强调,商事审判宗旨是规范和保障市场秩序,在审判中应尊重当事人的意思自治,不要轻易裁判合同无效。这样的审判理念在如今已得到普遍认同,但在当时,能从一位法官口中说出来,让人耳目一新。"

邹碧华以法官身份来做讲座,令吕红兵多少有些意外。"仲裁员中有不少是律师,一般法官不太愿意给律师讲课。一方面,觉得给律师讲课,拿讲课费,显得关系密切,当时正强调法官要与律师之间建立'隔离带',瓜田李下,不如远离,免得人猜测;另一方面,律师们大多挑剔,有时会提出许多刁钻的问题，让人下不来台。因此，法官和律师之间很少有公开互动。"

年轻、有才华、敢说话，这是邹碧华留给吕红兵最初的印象。后来，吕红兵发现，邹碧华不仅多次给律师做讲座，谈庭审规则，谈要件审判九步法，他还致力推进法律共同体建设。此后，两人经常交流司法观点，颇有惺惺相惜之感。

14年后，吕红兵代表律师参加邹碧华事迹报告团，行程大半中国，讲述一个法官和整个律师界的故事，也讲述了一代法律人的法治理想国。

吕红兵特别能够理解邹碧华对有幸生长于改革时代的情感。同邹碧华一样，吕红兵是个毫无家世背景的北方小县的少年，通过个人的勤奋，以学业优秀考上大学，又踩着中国律师业发展的鼓点，一路成就着自己的事业。

1988年早春，邹碧华在上海一家一家单位敲门投递简历，吕红兵也在上海四处奔波推销自己。此时，上海虽不比广东活泛，但开放经济大潮也暗流涌动，入职企业成为许多大学毕业生首选，吕红兵原本就选择进入一家公司做法务，后因考上研究生而作罢。

研究生毕业后，吕红兵留校任教。那是1992年，中国改革历史上极为躁动不安的年份。邓小平南方讲话彻底扭转了"姓社姓资"的争论，解开中国发展市场经济的死扣，中国证券市场也在这一年迎来蓬勃发展时期。

这一年的夏天,吕红兵替学校老师去万国证券公司办理一项法律事务,见到了"证券教父"管金生。谈话没多久,戴着金丝边眼镜、气势逼人的管金生说:"别在学校干了,到我这里来吧。"

毫无思想准备的吕红兵一时愣住了,连声说:"不行不行,我可是打算在学校干一辈子的。"虽然嘴上说"不行",但管金生那股挥斥方遒、指点江山的强大气场,还是激荡得吕红兵心潮澎湃。反复权衡,吕红兵决定下海闯一闯。

1992年底,就在邹碧华为适应上海对外开放经济发展,决定回到北大国际经济法专业继续深造之时,吕红兵选择下海,开始他的体制外创业生涯。两个同龄人,选择从不同道路出发,融入中国改革滚滚洪流。

1993年的一天,吕红兵给时任万国证券总裁管金生建议,成立万国律师事务所,专事证券法律业务。"当时,万国证券处于鼎盛时期,急速向外扩张,但也暴露了一些问题。"吕红兵回忆,"我想,这些问题万国证券最先遭遇了,相信其他证券公司、投资者也会遇到,我们能不能用专业知识去帮助完善这个市场,同时也填补这个市场的空白呢!"

管金生立刻拍板同意。

1993年7月,上海万国律师事务所成立了,成为全国首家以证券法律业务为主要方向的律师事务所,5个合伙人均为法学硕士,是上海滩上平均学历最高的律所。

此时,正值中国律师行业实现整体转型,由原来的官办所转向合伙制律师事务所。

"那时候,法官和律师的关系还挺和谐。新经济形态、新问题层出不穷,不管是法官还是律师,碰到的许多案子都是新鲜的。尤其是涉及证券市场的案子,谁也没有经验,需要相互砥砺,才能弄明白。双方真的就是一个共同体,共同推进市场经济法律制度的完善。"吕红兵说。

他记忆犹新的是,律师到法院开庭,都可以拿着法院的饭票去吃饭。"吃完饭,大家坐在一起讨论案子是常见的情形。"

这种和谐关系一直持续到 20 世纪 90 年代中期。

1996 年,《律师法》颁布,第一次从法律上确定了合伙制事务所的组织形式。1997 年 3 月,上海首家合伙制律师事务所"上海市万邦律师事务所"获准成立。到了 2000 年底,上海所有国资所完成脱钩改制,全部转为合作制律师事务所。至此,上海所有的律师事务所全部改制为合作或合伙制律师事务所。

律师彻底迈入体制外,吕红兵也彻底转身。1998 年 6 月,由北京市张涌涛律师事务所、上海市万国律师事务所、深圳市唐人律师事务所合并设立国浩律师集团,成为轰动一时的事件。

渐渐地,随着律师行业完全市场化,法官和律师关系也发生了微妙的变化。

也在这个时期,吕红兵明显感觉到分属不同体制下的法官和律师开始渐行渐远。"一部分律师收入逐渐增多，法官和律师职业不仅在'身份'上分野，收入上也拉开差距。"吕红兵说："最关键的还是体制原因，在不是以审判为中心的司法体制下，甚至有些案子可能在开庭前就定好了，庭审只是走过场，律师价值没有发挥出来，自然也不可能得到尊重。"

更深层的原因，还出在对"公民权利"的认识上。辩护律师代表着私权利，对抗的是公权力，在私权利得不到充分保护的前提下，为私权利辩护的律师，甚至是为在百姓眼里可能是"坏人"的当事人辩护，律师自然无法占据社会公共道德制高点，得不到应有的社会地位。

就在《律师法》颁布的 1996 年，《刑诉法》也进行了首次大修改，明确控、辩、审是三方，控诉职能、辩护职能、审判职能要做严格的区分，最重要的是控审分家、控审分离。控诉职能由检察机关、公诉人来行使，法官则居中裁判。

虽然，修订后的《刑诉法》将控、辩、审三方并列，但事实上，律师仍然处于道德弱势和权利弱势。

法官与律师陷入一种诡异的关系状态。一方面，因为体制的原因，两者之间相互排斥；另一方面，"的确也有不少律师成为利益掮客，'打官司要找关系'一时成风。几乎每个倒下的法官背后，都有一些掰扯不清的律师'朋友'。"

"今天，我们正处在这样一个关节点上，法官、律师和法学家究竟是成长为一个统一的法律共同体，还是在被权力勾引、利用的同时，彼此走向敌对和分裂?"——此时,北大法学院博士强世功一篇名为《法律共同体》的文章在互联网上广为传播。

年轻的作者写道:

"无论是最高法院的大法官还是乡村的司法调解员,无论是满世界飞来飞去的大律师还是小小的地方检察官,无论是学富五车的知名教授,还是啃着馒头咸菜在租来的民房里复习考研的法律自考生,我们构成了一个无形的法律共同体。"

不知道当时与强世功同在北京大学攻读博士的邹碧华是否认真关注了这篇文章,但可以肯定的是,至少从那时起,邹碧华也开始关注法官与律师的关系。他联系到一家律师事务所进行为期不短的实习,在律师事务所工作的北大师兄劝邹碧华留下来,他说:"别做法官了,来做律师吧。"邹碧华笑笑,他并非要做律师,只是想了解一下律师事务所现状,站在律师角度来思考法官与律师的关系。

博士毕业后不久,邹碧华到美国联邦司法研究中心任研究员,除了近距离考察了美国司法体制,还旁听了一些案件的庭审,特地留意了法官与律师的互动。

有一次,邹碧华跟随一位地区法院法官去开庭。开庭前,法官特地询问双方当事人律师,是否愿意这位中国法官旁观庭审,得到首肯,才安排邹碧华坐在身边。

庭审中,律师之间辩出火药味儿,法官将他们叫到审判台前,小声提醒。

庭审结束后，这位法官解释："不能在当事人面前指责律师，要尊重他们。法庭上，他们就是法官的眼睛、手足，靠了他们，法官能够更快弄清案件事实和法律问题。"

这句话令邹碧华心中一震。此后，这句话、这一情景不断在邹碧华的脑海里回放，直至 2010 年，身为长宁区法院院长的他郑重写下国内首个《法官尊重律师十条意见》，并付诸实施。

"碧华不止一次和我们谈起美国之行的感受。"吕红兵回忆，"我们谈到法官和律师的关系，他特别赞同我的观点，法官与律师当'私下慎交往，组织上多交流'，有必要防止法官与律师'相互勾结'、徇私枉法，但不是'老死不相往来'。"

尽管早在 20 世纪 90 年代末，吕红兵的国浩律师事务所的主要业务已转移到非诉讼领域，他还是听到一些同行抱怨部分法院的法官对律师很不尊重，对没有充分采纳律师建议，有时虽然采纳了，但在判决书中，没有采纳律师发表的关键要点。"对律师而言，他们觉得，自己在庭上的表达没有得到足够尊重。"吕红兵说："上海的情况相对要好些。在外地，甚至有些法官会当庭训斥律师，让律师在当事人面前下不了台，尤其是一些年轻法官，对老律师动辄呵斥，以致当庭争执，庭审都进行不下去。"

2007 年刑诉法修改给律师更多的权利，但律师地位并没有明显变化。"律师与法官，传说中的法律共同体，在现实中相互并不认同。"吕红兵说。

这一年前后,继最高法、司法部出台文件之后,各地法院也纷纷出台各种规范法官和律师关系的文件。律师进出法院需登记,甚至有的还要搜查,要约见法官更难了。

身为法官的邹碧华,听说了不少这样的事,他努力在自己主持的庭审中做些改变。

有一次,一位深圳的老律师到上海开庭。当时,老律师在法庭上找一份证据材料,由于先前整理得不是很清楚,翻来翻去找不到,急得满头大汗。

邹碧华安慰说:"请你坐下来,慢慢找,相信大家都会等着你,不用着急。"结果,老律师坐下来不到一分钟就把材料找到了。

庭审结束后,老律师在其他人签笔录的间隙,对邹碧华说:"我在全国各地开了很多庭,在上海第一次感受到法官的态度这么好!"

2008 年,邹碧华任长宁区法院院长。这一年秋天,广东发生了震动司法界的"11.3"司法腐败案,原广东省高级法院执行局局长杨贤才涉嫌经济犯罪被逮捕,涉及案值达 2 000 多万元,杨贤才被指与律师相互勾结酿成了惊天大案,先后牵涉出 10 多法院系统干部。这一案件后来被入选为 2008 年度中国重大法律事件。

法官与律师之间如果处理不好关系,可能会产生腐败问题,但关系太密切,则更容易滋生腐败。能不能在给予律师更多服务的同时,也让律师群体成为司法公正的监督者？邹碧华决定对"构建法官与律师的良性关系"做更多推动。

2009年底，邹碧华召开党组会议，听取纪检监察室向党组汇报"如何建立法官与律师之间的良性互动"。

听完汇报，邹碧华感慨道："法官与律师工作的目的不同，律师从当事人角度出发考虑，维护当事人合法权益，法官从公正的立场出发审理案件，但是二者共同的目标是一致的，都是为了推动社会的公平正义。但是，在目前情况下，法官与律师之间还存在一些彼此不协调、互相不尊重的情况。"

"我们能不能拟一个'法官尊重律师有关规定'？在全国法院系统带个头？"邹碧华问。会后，邹碧华先拟了"十条意见"，再经过讨论、完善，很快在2010年初正式对外推出。

这"十条意见"包括：

法官在庭审中应当认真听取律师意见，避免随意打断律师发言；

法官在庭审中不得使用训斥、嘲讽等不尊重律师的语气和语言，也不宜当着当事人的面指责、批评律师，更不得向当事人发表贬损律师的言论；

法院应当定期听取律师对法院工作的意见，对于律师反映法官在廉政、审判作风方面问题的，应当认真核查并注意对反映问题的律师身份信息依法予以保密；同时，应当定期向律师协会通报律师在代理活动中的总体情况、好的做法和存在的不足。

……

配合"十条意见"出台，长宁区法院还为律师争取了更多调查便利。比如，律师可直接在网上查询当事人工商登记资料，不用再到工商局的档案室调取，大大节约了律师的司法成本，最终受益的是当事人。一些简单的立案、送材料等事务，可以由律师助理代劳，不再需要律师亲自到场。

邹碧华将他的手机号码向律师公开，也在微博上与律师互动。有媒体曾经统计，邹碧华"庭前独角兽"的微博关注了2 967个人，其中一半是律师。

邹碧华在长宁区法院推出《法官尊重律师十条意见》的时候，吕红兵已经卸任上海市律师协会会长，任中华律师协会副会长。"我听到这个消息是在上海律协的一个会议上，这个'十条意见'，在律师界引起很大反响。"

"律师制度设计本身，就是为了制衡行政权力、司法权力，以审判为中心的司法体制，法官、律师必然是相互尊重的。"吕红兵说，"可以说，这'十条意见'说的都是常识，可惜，因为种种原因，它们在司法实践中被遮蔽了。现在，邹碧华将这些常识理出来，一下子触动了法律人，尤其是律师群体的心弦。这不仅是对律师群体的尊重，更是对司法规律的尊重，极具法治价值。"

"十条意见"推出两年后，尽管在长宁区法院，法官对待律师的态度有较大改观,但法官不尊重律师的投诉,仍时不时传进邹碧华耳朵。"法官如何对待律师的问题,不是一朝一夕所能解决,非投入长期扎实的努力不可。"2012年8月13日,邹碧华在他的博客上传了一篇名为《法官应当如何对待律师》的文章,深入探讨了法官与律师之间建立良性互动的法治价值。

邹碧华写道:

"少数法官在职业认知上出现了误区,有的法官对法官和律师的职业定位认识不清,忘记了自己作为中立裁判者或公正守护神的角色,养成了唯我独尊的意识……法庭是由各种不同角色共同演绎的一场话剧。可以说,律师在某种意义上是法官延伸的眼睛和手足,他们可以弥补法官在调查和研究能力上的不足。

……

"法官与律师之间互相不尊重,会破坏法治的根基——信任。美国联邦最高法院史蒂文大法官在批评布什诉戈尔一案的判决时说道,社会公众对法院的'信任是公共的财富。它是经过许多年才缓慢建立起来的……它对于保护实际上维护法治本身的任何成功的努力来说都是极其必要的因素'。而著名律师德肖微茨则把这种社会信任称为'道德资本',这种资本是一代又一代法律人积聚起来的。如果我们不能正确处理好法官与律师的关系,日积月累,必将动摇法治的根基——信任,司法的公信力无从谈起。"

"如果我们不能正确处理好法官与律师的关系,日积月累,必将动摇法治的根基——信任,司法的公信力无从谈起",这句话后来被广泛传播。其时,贵州小河黎庆洪案、重庆李庄案第二季等刚刚过去,"死磕派律师"说法盛行,许多法官对律师"死磕"特别抵触。邹碧华显然感受到了这种情绪,特意写下这篇文章,呼吁"鉴于法官在与律师关系的构建过程中的主导地位,法官应当把建立社会信任作为自己的使命"。

在文章当中,邹碧华还总结了法官应该从哪些方面着手,建立与律师的良性互动关系,公开提出了"法律共同体"概念——

"法官应当确立法律共同体的理念,以尊重律师为己任。司法公正是整个法律共同体的共同任务,单靠法官是难以完成司法公正与高效的重任的,法官应当视律师为职业助手。

"'真理,在被说出来之前就已经是真理。但在它还没有被说出来之前,我们未必知道它的存在。'法官的判断若无足够的事实和证据指引,就有可能作出违背真理的错误选择。当这种错误足以影响他人的生命、财产或自由权利时,法律就必须设置严格的程序,帮助裁判者减少他们作出错误判断的可能性。

"在法庭上,律师通过充分地揭示案件的事实、证据及其之间的联系,协助法官发现关键的事实或真理,帮助法官作出正确判断。我们要想建立属于我们道德资本的司法公信力,必须依靠整个法律共同体的共同努力。

"缺少了律师的参与,法官与检察官在法庭上只能上演"二人转";缺少了其他角色的参与,法官在法庭上只能上演'独角戏'。"

回到上海高院任副院长后,邹碧华也多次借在外授课、做讲座、开会的机会,反复传播"建立法律共同体"这一法治价值观。

2014 年 11 月 23 日,中华全国律师协会民事专业委员会和知识产权委员会在上海召开双年会,邹碧华应邀作了以《司法体制改革背景下构建法律共同体的思考》为题的演讲。这是他生前最后一次公开演讲,充满激情的演讲,赢得全场 400 多名律师雷鸣般的掌声。

那天,邹碧华照例提前来到会场,却发现会场显示屏比例与原先告知的不一致。邹碧华和会议主办者寒暄了几句,就坐到角落里开始修改PPT,其实即便不修改也不会影响演讲效果,不过是 PPT 演示时两侧多出两条黑杠而已。但是,邹碧华仍然一丝不苟。

在这次演讲中,邹碧华向律师们描述了上海法院即将开通的律师服务平台。律师服务平台主要提供网上立案、网上办理、网上沟通、网上辅助、网上评价五大类服务,共计 24 项功能。

这是迄今为止全国第一个真正意义上实现网上立案的平台。以往大多数法院的网上立案基本停留在"网上立案审查"阶段,当事人或律师必须前往法院诉讼服务窗口领取案号和缴纳相关费用。上海法院律师服务平台开通后,律师可以在网上进行材料提交、缴纳诉讼费、获取案号等"一条龙"程序,在律师事务所就可以轻松立案,并可通过网络进行案件诉讼费缴纳，真正"足不出所完成立案"。

该服务平台还为律师开通了网上阅卷、网上申请延期开庭、诉讼保全、调查令等功能，并运用云技术手段，在平台上进行网上证据质证、网上调解等事务。

在前期调研中，邹碧华曾派工作人员在全上海范围调取了 20 万件有律师参与的案件，经过仔细核算，他们发现，若每个案件中，律师通过网上阅卷减少往来法院的次数，就能节省 60 万个小时工作时间、10 万次车辆往返。

律师服务平台开发的"庭审排期自动避让功能"在全国也属首家。即当律师将代理手续上传平台后，平台将自动识别该名律师在上海法院代理的所有案件，对其开庭日期实行自动避让。

考虑到上海目前有 40% 的受理案件有律师参与，律师服务平台设置了"关联案件自动推送功能"，即平台自动将涉案当事人在上海法院涉及的关联案件推送一张清单给登录律师，这一功能将有助于律师识别个别恶意诉讼的情况。

这一服务平台自 2014 年 7 月启动，到 11 月邹碧华向外界展示，前后只用了 4 个月。此前，为了这个律师服务平台，邹碧华广泛征求律师意见，也特地电话吕红兵，希望他能够多提些建议。

"这种工作的高效率令人叹服。可想而知，在这背后，邹碧华和他的团队倾注了多少心血！"吕红兵回忆，"通过这个平台，不仅提高了律师的工作效率,更重要的是保障了律师的执业权利,从而最终维护了当事人的诉讼权利。所谓法律共同体,它不是一个抽象的概念,这个平台让法律共同体概念具象化了。"

如今,上海1 325家律师事务所的近17 000名律师,都已成为这个服务平台的受益者。由于邹碧华和他的团队的努力,律师们越来越多地感受到法院对自己的尊重,对法律的敬畏,对司法公正的追求。这种尊重和敬畏,也会通过律师,传递给每一位案件当事人。

邹碧华还希望,这个平台的服务能够延伸到上海之外。在2014年11月23日那次演讲中,他踌躇满志,说:"这项功能,目前只对上海律师开放,接下来准备跟北京的律协谈一下,在北京那边把身份认证资料拿过来,我们为北京的律师每个人创建一个账户。只要能够完成身份认证,我们的硬件支持系统,甚至可以为全国所有的律师都创建账户。"

12月9日,邹碧华在微信朋友圈上传了律师服务平台试运行的消息,同时写道:"希望让律师的执业环境越来越好。"这是他生前在微信朋友圈的最后一条留言。

确认邹碧华去世的消息,是12月10日下午5时45分。吕红兵呆坐办公室,陷入久未有过的无尽哀伤。窗外雨雾蒙蒙,他不想关窗,一任细雨无声地飘进来,打湿了窗台。

2014年12月13日,邹碧华去世后的第3天,吕红兵在杭州开会,遇见了内蒙古律师协会会长巴布律师。巴布在2014年11月的那次全国律协民委会的年会上见到了邹碧华。邹碧华主动对巴布说，可以将内蒙古律师的身份认证资料传到上海，"我们把名单纳入到'律师服务平台'，这样内蒙古律师在上海办案就更方便了"。回忆起当时与邹碧华短暂交谈的情景，这位内蒙古汉子紧紧握住吕红兵的手，竟泣不成声。

"每个冬天的心里，都有个颤动的春天；每个夜幕的后面，都有个微笑的黎明在等候。"这是"庭前独角兽"微博上纪伯伦的一首诗。

一位律师转述这首诗时写道："我想，碧华他或许正在前方，等候着法律共同体那个微笑的黎明。"

九

以心传火，不知其尽

在长宁区法院4年，邹碧华还进行了一场润物细无声的变革。

到长宁区法院半年后，邹碧华感觉到，法官们业务能力强，工作也算认真，但总感觉到大家像"办案机器"，处于一种被动的工作状态。

已在法官岗位上工作了20年的邹碧华明白，多年来，司法公信力的下降，社会对体制内公务员群体的误解，给许多处于司法一线的年轻人带来了巨大的压力和困惑，人人内心焦虑、牢骚满腹，却又不愿主动尝试突破；不甘于现状，却又不自主滑向平庸化边缘。

要让一个团队充满活力，让法院法官们有积极主动向上的心态，首先得解开他们的心结。那也是他自己曾经反复思考过的问题——

"你希望成为一个什么样的法官？"

"应该怎样实现自己的法官理想？"

"生命的意义是什么？"

2009年年初，邹碧华召开了主题为"青年成才——职业生涯规划"座谈会，请青年法官谈谈自己的职业理想和规划。

张枫第一个发言："我还是头一次听说职业的七年之痒。要说，我是双倍的七年之痒了。工作14年，基本不看书，干什么都没劲。办案子很卖力，也就是个流水线上的操作工罢了，哪里还有什么理想？""还有职业规划，我们能有什么规划，个人能否发展，还不是上面定的吗？我们就像趴在玻璃上的苍蝇一样，前途非常光明，道路是没有的。"

邹碧华饶有兴趣地看着张枫："大部分人工作7年后会进入很无聊的

状态，不是机会没有眷顾你，关键是你本人在这个关口还想不想提高。"

第一次座谈会后，邹碧华找机会给法院年轻法官做了个关于职业规划的讲座。

邹碧华说："为什么要做职业规划，是给自己职业生涯减少犯错成本，营造幸福心态。"而减少犯错的成本关键，则在于对现实有清醒的认识。

邹碧华坦诚现实是有残酷性、偶然性和挑战性的。"我刚刚参加工作的时候，包括我读完博士回来以后，有一段时间，而且是相当长一段时间，很多人对我说，你那是书本上的东西，现实中是行不通的。他们的一句话就可以否定你，让你很窝火，这就是现实的挑战性。你要让自己站得住，要别人接受你的想法，有很多因素在起作用。几年的磨砺让我改变的不是观点，是表达方式，是分析的方法。把任何事情视为一次挑战，自然不会去放弃。"

他告诫年轻法官："要把追求法治理想种植在现实的土壤之中，要具有强烈的现实主义，理想主义和现实主义一定要在我们身上完美地结合起来。"

邹碧华给年轻法官提了十项要求。这十项要求是他工作 20 年来的人生经验的积累：认真对待当事人工作，认真工作是真正的聪明，工作本身就是一种回报；绝不抱怨，抱怨不能解决问题，是弱者的呻吟；抓住每一次机会；培养专注力，将自己的专业做专、做强、做高、做新；保持执着的力量，不轻言放弃；时刻为未来准备；做好工作中的每一件小事；绝不拖延，拖延并不能减轻工作压力；不为失败提供借口；用职业精神点燃我们工作的激情。

"这些话粗粗一听也就是'心灵鸡汤'之类的，仔细琢磨，又句句打在心上。"自打那时起，张枫开始关注起这个不一样的博士院长。

张枫发现，邹碧华有个习惯，一有时间，他就会到各个部门"串门"——旁听年轻法官开庭，和他们讨论庭审技巧；去诉调中心，了解案件调解情况；会随时随地出现在立案大厅，看信访人的情况。

邹碧华将其称之为"走动式管理"。通过"走动式管理"，邹碧华将法院上下年轻法官的工作状态了然于心。

2009年的一天上午，刚上班，张青接待一起离婚案件，邹碧华走过来一起听，他朝张青笑笑说："你管你问，我管我听。"

这是一起离婚案件，当事人怀疑妻子转移财产，要求法院出面调查，当事人说得很琐碎，线索提供得也不全面，情绪却越说越激动，张青正想拒绝，邹碧华在一旁问道："你刚刚说购买了家具，什么家具？"

"是红木家具。"当事人回答。

"你知道她在哪里买的吗？"邹碧华继续问。

当事人说了一处地址。邹碧华对张青说，"我们试试看，也许能查到。"

当事人慢慢平静下来。

当天中午，邹碧华碰见张青，问道："今天上午查得怎么样？这次给你添麻烦了。"

接着，他和张青说："我知道，结果可能是查不到，但为什么还让你试一试。你说这个不能查那个不能查是基于现有的证据来说的，我们再多问几句，深挖一下，说不定能找到新的线索。"

邹碧华说："你注意到没有，当事人的情绪已经发生变化，我让你去查就是要缓和当事人的情绪。当事人到我们法院是寻求最后公正，你再不让他说，他感觉走投无路，肯定又要上访。"

在后来一次针对青年法官职业培训中，邹碧华特别谈道："法官是社会的中坚力量，是社会的栋梁，这个概念我们始终要有。一定要有法官是精英的这个意识，这是我们的荣誉感所在。我们反思一下，我们自己在做法官的时候，能够让我们自己觉得很自豪吗？能够让我们自己的孩子觉得很自豪吗？你和很多人交往的时候，有没有让人对你有崇敬的感觉？你自己的修为到了没有？"

长宁区法院民三庭法官顾鸣香也遭遇过张青这样的"临时考试"。

有一次，顾鸣香开庭审理一起邻里纠纷案。顾鸣香进入法庭时，发现邹院长已经坐在旁听席上了。

这是一起因漏水而导致邻里矛盾的小案子，原告阐述得很细致，被告情绪却非常激动，反过来指责原告不让他养狗，原告一下子也火了。庭审现场气氛一下子紧张起来，原告与被告相互争执，话题却离案子本身越来越远。

邹碧华静静地坐在下面倾听，顾鸣香心里更紧张了。稍稍冷静之后，顾鸣香宣布休庭，请一方当事人先出去，做好安抚工作。

休庭后，邹碧华走过来和顾鸣香讨论，为什么当事人在法庭上争吵起来了，邹碧华提醒顾鸣香，两家矛盾可能并不在案子本身。

顾鸣香被一语点醒，她重返当事人所在小区实地调查，了解到被告太过自我的个性，针对被告的心理，耐心地与被告沟通，并请当事人的亲属及物业互相配合，通过实验找到了漏水的原因。最后，案子顺利调解。

一周后，邹碧华见到顾鸣香，他详细询问了案子的处理情况，听到处理结果非常高兴，要求顾鸣香将调解过程写下来，收录进他编写的《法庭上的心理学》这本书。邹碧华还在这个案例后写了说明。

邹碧华鼓励顾鸣香学习心理学，争取考出心理咨询师资格证。"我自己也在学，学了心理学，你就知道如何与别人进行良好沟通，处理事情也往往事半功倍。"

2013年，顾鸣香通过了心理学的考试。

"邹院长在的时候，我们一般会有些额外的学习任务，学心理学，学习《民事诉讼规则》。"顾鸣香回忆，"人都是有惰性的，这样的学习给了我们压力，也推着我们向前走。"

张枫也不由自主地跟着邹碧华向前走。

2009年，长宁区法院工会改选，张枫当选为工会文体委员，参与组织了不少工会活动,"邹院长也参加了,看到活动搞得很热闹,效果不错,他很开心,"张枫回忆。

也是在这一年,张枫被选拔为民一庭庭长助理,开始走上管理岗位。后来担任民一庭副庭长,分管诉调对接中心,走上了管理岗位。

"管理诉调中心前后一年多,我是被他骂过比较多的人之一。曾俊怡、滕道荣,接下来大概就是我了。"张枫回忆,"这也是我成长最快的一年。"

"刚开始,我们不太能够理解他诉调工作理念,反应慢,他就急了。有一次,因为一个案子被投诉。他问我,你们努力过吗?如果只是机械地接案子,没有服务意识,当事人和律师当然不满意。他建议我们搞短信服务,每个案子通过短信平台与当事人、律师及时沟通案子进展信息。我就去摸索,想办法改变。后来我们就发短信。"

走上管理岗位后,张枫与邹碧华接触得多了,渐渐地,张枫观察到这个博士院长的另一个特点——"他有时候批评起人来不留情面,但都是对事不对人。其实,他特别善于发现别人的优点,鼓励你,激励你。他不放弃任何一个人,只要你有某一方面才能,他就会给你创造机会,帮助你放大这部分才干。"

很多人感觉到邹院长对自己很关注。

"邹院长自己常常加班,但他不主张让下属加班。下班前,他会在各个楼层看一看,了解加班的同事情况。有时候,走出办公楼,也会回头看一看,还有哪间办公室的灯亮着,再回去,慰问一下加班的同事。"张青回忆。

张青办案之余,喜欢动动笔,讲案例故事,写得挺生动,长宁区法院很多人喜欢看。邹碧华有时也在自己微博上转发、点评。

"有一次,邹院长把我写的两个案例在网上弄得很热闹,很多人都打电话过来问我。"张青回忆,"一天下班时在停车场碰见邹院长,他说,你记住啊,你做的事我都看在眼里。"

一句话,说得张青心里暖暖的。

为了让年轻人能够脱颖而出,从 2009 年开始,邹碧华设置了庭长助理、执行长助理等岗位,为青年法官展现自己的才能提供了平台,很多青年法官迅速成长为中层副职。

长宁区法院一位法官获得留学美国进修资格,但那年区里外出进修额度指标已满。邹碧华知道后,和相关的行政职能部门沟通,终于使他顺利成行。邹碧华说:"出国进修机会难得,一个人在愿望不能实现的情况下,失望感也很大。我们既然有这个条件,就要创造条件让他获得此次机会。"

"你无法想象他对法院法官的关注细致周到到什么程度。"张枫回忆。

有一次,邹碧华带张枫去重庆做讲座,在演讲中,邹碧华说:"明天是我们长宁区法院张枫庭长来和大家交流他的心得,它里面会讲到关于通过微笑进行自我激励的方法。"

张枫有些吃惊，他曾经将自己的讲座课件发给邹碧华看，"他这么忙，大概也不会看吧"。张枫心想。但很显然，他看了，而且看得很仔细。因为课件时长2个半小时，讲到有关微笑服务的问题已经是后半部分了。

"我以为我们写的这些文章您不会看呢。"张枫说。

邹碧华说："你们写的文章我都会一字一句地读，因为我希望从你们的一字一句中去理解你们的想法。"

2012年9月，在邹碧华离开长宁区法院转任上海高院副院长前夕，他还为保洁员管阿姨开过一次隆重的表彰会。一天，下班后，管阿姨在清扫办公大楼时，在垃圾袋里捡到一只苹果手机，立即交给当时还在加班的邹碧华，手机很快回到了失主手里。法院特地为此举办了一场"身边的感动"主题座谈会。在座谈会上，邹碧华说，保洁员的用辛勤换来法院的干净、整洁，用善良换来别人的快乐，这就体现了美好的人生价值。

后来，邹碧华在长宁区法院中层干部管理培训讲座上特别谈到，为什么他一有机会就要对做得好的法官鼓励表扬。"这是团队凝聚力工程的一个重要部分。"邹碧华说。

"激励方法有大小。大的激励方法，比如干部晋升、职级晋升、审判员晋升等等，这些大的方面我们要想办法体现出来。小的激励方法，比如日常的工作庭务会总结、大会小会上的表扬，哪怕庭长一句称赞的话。不要小看庭长说的一句话，在他那边也许能够温暖上一个星期，能够记住很长时间。"

在这次讲座上,邹碧华回忆起他刚到上海高院时的一次经历。

当时,邹碧华刚刚参加工作。一天,上海高院副院长李国光到经济庭来找几个案例,用作新闻发布会材料。当时,庭长、审判长都不在,办公室里只有邹碧华一个人。

李国光副院长对邹碧华说:"小邹,你帮我写几个案例,我开新闻发布会要用。"

星期天,邹碧华加了个班,认真整理了几个案例。周一上班,李国光副院长看到交过来的案例特别高兴,对经济庭庭长说:"这个案例写得好,我可以派上用场了。"

庭长立刻将领导的表扬转告给邹碧华:"我们都不在,你加了一个班,庭里面表扬一下。"这句话,邹碧华一直记得。

邹碧华对长宁区法院中层干部说,"不要小看一句表扬的话,时间长了,它会累积出来一种很正面的导向、一种推动力,让一个人沿着光明的道路走下去。"

后来,邹碧华总结自己的工作,加入在长宁区法院开展的"法院与干警共同成长"活动中,他写道:

"心齐、气顺、劲足的干部队伍是法院持续进步的不竭动力。要做到这一点,还必须抓好法院文化建设。文化建设,要重视精神实质,要在工作作风、行为细节中都体现出以人为本要求。为此,我特别强调'法院与法官共同成长',要求摒弃工具主义思想。要想让法官以群众为本,就必须以法官为本。法官自身的发展与成长应当成为党组的工作目标。

"几年来,坚持用理想与激情去影响下属,引导大家不抱怨,在力所能及的范围内做好工作,树立手头工作做好就是法治进步的意识。为事业注入理想,就会产生持久而强大的热情,会对下属产生影响力。"

邹碧华即将离开长宁区法院的时候,张枫已经是民一庭副庭长。2012 年 8 月 22 日,在邹碧华离开长宁区法院之前,曾和张枫有过一次深入的谈话。

邹碧华对张枫说:"党组决定了,给你换个岗位,就是到信访工作,要成立立案二庭,你去主持工作。这个地方很适合你,这个岗位需要使命感。"

他问道:"张枫,觉得我讲的使命感在哪里?"

张枫一时愣住了,回答不出。

邹碧华说:"你知道吗,很多人开始信访之后,放弃了工作、家庭、甚至一切,我们法院对这些人的拯救没有做到位,整个体系都没有做到位,你一定要有使命感,你挽救了一个人,就挽救了一个家庭,甚至一个家族,也改变了社会对法院的负面看法。"

接着,邹碧华如数家珍,向张枫介绍了 20 多个信访人的情况,一直说到很晚。张枫很吃惊,他怎么那么清楚信访人员的情况。邹碧华说:"我这么清楚,是因为我投入,以后你会比我更清楚,你会投入,我会随时随地来考验你的。"

此后两年，直到骤然辞世前夕，邹碧华始终远远地关注着包括张枫在内的长宁区法院一批年轻法官的成长。

2013年，长宁区法院民一庭助理审判员陈婷婷和同事成功查出一起虚假诉讼，微博上有相关报道，"我就看到邹院长跟帖伸了两个大拇指，还专门给我留言'去伪存真是法官的天职'。"陈婷婷回忆说："后来，长宁区法院有篇邹院长在任时总结的文章被杂志刊载，发了稿费给了邹院长，他一分都没有留下，把这些现金装到一个信封里，端端正正地写上我们的名字，托人转交给我们。"

邹碧华在长宁区法院的时候，曾主持开发过一套信访管理软件，什么时候收到信；经过哪几位法官的手，分别花了多长时间做了哪些处理，现在谁在负责处理这个案子，信访人目前去向如何……信访管理的每个流程都在网上留下痕迹。随着信访工作的深入，邹碧华觉得这套系统还需完善，离开长宁区法院之前，他特地嘱咐张枫，要做好信访系统软件升级。

"隔一段时间，他会约我去上海高院办公室聊聊进展情况。"张枫回忆，"他让我做下面几件事：一个是对信访人的信访原因做系统调查，分析原因，他还指导我对信访人员进行分类，这样就可以有的放矢地进行信访接待。做调研的过程很累，但想到有一个人，一直用信任的目光远远地注视着你、鼓励着你，你就会想，再累，我也得把这个事情干好。"

张枫在信访管理上取得成绩，邹碧华也会给他打电话，"他在外面听到长宁区法院哪位法官取得了新的成绩,总会很高兴,会特地打个电话祝贺一下,当然,也会提点新要求。"

2013年10月,张枫将做好的信访管理软件二期成果展示给邹碧华看。邹碧华看了之后,点点头。"我知道,他看出我努力了,但还没达到他的要求。"张枫说。

邹碧华对张枫说:"你去买些书,再琢磨一下,继续完善流程,图表还可以做得更美观些。"

2014年9月,上海高院司法体制改革的任务单中,将升级信访管理软件的任务交给了长宁法院。听说要在全市推广,张枫觉得这个软件还得再完善一些。

一直到12月10日之前,张枫和他的团队都在持续完善信访软件,"邹院长以前说'你们怎么就能那样无视瑕疵,容忍残缺? 你们要追求一些完美呀。'这个对我影响太大了。"

2014年12月10日,张枫在下班路上接到邹碧华去世的噩耗。他艰难地将车停到路边,脑子一片空白,望着窗外飘落的细雨,感觉格外寒冷。

第二天,张枫在邹碧华家楼下站了很久,一直没有勇气上楼,张枫的很多同事也不约而同赶来,在楼下徘徊,泪流满面。

终于上了楼,见到唐海琳,唐海琳问他:"张枫,你们的信访软件怎么样了?"听到这句话,张枫泪如泉涌。

2015年,新年刚过,张枫在长宁区法院新推出的信访管理系统中设立了一个秘密账号。"这是给邹院长留的。"张枫说,"我希望,他在天堂里能看到凝结着他心血的信访系统升级了。"

2014 年 12 月 12 日一早,陈婷婷等一些长宁区法院青年法官提前去殡仪馆与邹碧华告别。唐海琳说,"你们绕一圈向他告别吧。"可看到平日那么神采飞扬、帅气高大的人静静地躺着,陈婷婷们像是被冰冻住一样,一步也动不了。

"邹院长刚到法院时提出防止青年法官的平庸化,我当时刚进法院,在研究室担任书记员,还不太明白什么叫青年法官的平庸化。"陈婷婷回忆,"现在,当进入法官这个角色,最初职业所带来的挑战和新鲜感退去以后,我逐渐地发现对于自己专业领域外的案件都不知道怎么裁判,回想起来,我也觉得好久没有深入地研究一个问题或者写些有深度的调研文章,这个时候我才怦然发现,自己不是正在走向平庸吗?想到这些,我就会感觉到他当时对我们的一片苦心和洞察力。"

邹碧华的这番苦心,他的博士生、硕士生们有深切体会。

唐豪臻,华东政法大学民商法专业 2013 级博士研究生,是邹碧华招收的首个博士生,也成为了唯一的一个博士生。

2012 年,唐豪臻第一次见邹碧华是在考博的复试考场上。"当时,他问了我很多前沿问题,弄得我有些措手不及。"唐豪臻回忆。

邹碧华并没有在华东政法大学正式开课,但每学期毕业季职业规划讲座和培训讲座，邹碧华尽量抽时间安排。

邹碧华的讲座极受大家欢迎。"导师平时忙得不可开交，但讲座的PPT都是自己做，最多达到300多页，他总会引用最新研究成果分析问题，讲座内容与时俱进、年年不重复。"

2013年5月的一天，华东政法大学长宁校区最大的礼堂挤满了学生。唐豪臻记得，当天讲座原定下午6时开始，但因为堵车，邹碧华晚到了一些，他顾不上吃晚饭，下了车直奔讲台。

"那天，学校为导师准备了2盒牛奶，一块毛巾。大家都知道，邹碧华一激动就要出汗。讲座一直持续到晚上9时半，中间没休息，牛奶也没动，毛巾却湿了大半。"唐豪臻记得，那天的精彩讲座吸引了全场学生，"座位不够，临时搬了些椅子加座，会场里，好几次笑声爆棚。"

讲座结束后，邹碧华没吃晚餐，把自己带的学生集中到一间教室抓紧时间指导。深夜11时多了，辅导员和保洁员先后催促了多次，都没法打断这次课外课。

只要加入邹门，邹碧华都要给学生们做份档案。师生缘不止三年，邹碧华对学生的关切也不仅仅在业务领域。

2010年6月，邹门的三位硕士生夏关根等毕业时，邹碧华给他们发了一条长长的短信，提出了8点建议：

第一件事情，尽快适应社会，趁现在有时间抓紧阅读卡耐基的《人性的优点》和《人性的弱点》，其中有大量的人际关系沟通技巧，只要你们细细品味，我相信将会一生受益。

第二件事情，多向实践学习。到单位后，你们会发现自己学过的专业知识好像都派不上用场，不要急，从理论到实践有一个转化过程。这个转化过程需要你们有意识地多下功夫。

第三件事情，不怕吃亏，不计较名利，吃亏是福，并且时刻保持一颗平常心。

第四件事情，一定要讲求效率。什么叫效率？效率就是在自己能力范围的第一时间内就把事情做完。你们要养成记工作清单的习惯和日事日清的职业习惯，当天事情当天毕。

第五件事情，一定要用心。比如，做法官，要处理一起案件，就必须得把这起案件的前因后果都弄清楚，做到心中有数。比如，做律师，一定要把案情吃透，该做的调查一定要查了以后再说，决不凭感觉，写的意见书或代理词一定要把思路理过以后再理，直至自己都觉得非常严密。

第六件事情，专业上一定要不断学习。办案过程中，一定要把遇到的问题记录下来，一定要把这个问题的前因后果弄清楚，养成勤看勤研究勤写的好习惯，为法学昌荣作贡献。日积月累，必成大器。

第七件事情，保持洁身自好。你们有的人进入的是权力领域，今后会有很多人通过各种各样的关系找到你们，你们一定要耐心听取他们反映的情况，但决不可把私利带入其中，否则会有违司法良心。

第八件事情，从现在开始记住，你们将是中国新一代法律人，时代赋予你们的使命就是让你们成为中国最优秀的法官或律师,中国法治的进步在期待你们!

两年后,2012年6月27日,在上海财经大学法学院2012年毕业典礼致辞中,邹碧华进一步阐述了他对年轻一代法律人的期待:

> 从今天开始,就要牢记你们的使命——弘扬法治精神。你们是法律人,弘扬法治精神是法律人的天职。
>
> ……
>
> 孟子说过,"先立乎其大者,则其小者不能夺也"。对于这句话,我的理解是,一个拥有强大理想的人,会拥有更加强大的力量,不会为眼前的利益所蒙蔽,不会被暂时的挫折所击垮。所以,作为一名法律人,应当让自己确立起强大的价值观和使命感。
>
> ……
>
> 从今天开始,当你们跨出上海财经大学校门的时候,也要记住,你们已经进入了弘扬法治精神的使命区域。

"碧华是上海财经大学法学院的兼职硕士生导师,自2008年开始,他在法学院先后指导了11名学生。"上海财经大学研究生院常务副院长郑少华在回忆邹碧华的文章中写道,"2007年初,我们特别遴选了一批司法实务界卓有影响的专家,兼任我校的教授与硕导。我知道他非常忙,特意提醒他,财大法学院是每个硕士生同时配校内与校外两位指导教师。他拒绝了这种安排,他告诉我,他个人觉得双导师机制会遇到许多现实困难,诸如双导师职责与指导风格的冲突等问题,他希望能够独立指导学生。"

"基本上每个月都会约学生见面,并且要求学生制订学业规划与职业规划,对于学业规划,他按时督促;对于学生毕业论文,他逐字指导。一篇论文,从初稿到定稿,往往会'面目全非'。他指导学生的认真程度,常会令我们这些专任教师汗颜。"

2010年,因在中央党校学习,邹碧华主动提出停招一届学生。郑少华和跟他联系,希望他还能如常招生,邹碧华婉拒了。他认为长时间无法与学生面谈,会影响指导质量,并且半开玩笑地对我说:"少华,欠你的账,我明年会还的。"

后来,郑少华发现,"我当时认为是开玩笑的一句话,其实于他来说,是认真的。他在2012届共计指导了四个学生。"

邹碧华去世前一周,郑少华正好在杭州出差。"我接到他的一个电话,他一方面对于我校推荐他为首批入选中共中央政法委与教育部'双千'特聘实务专家(全国189位,上海地区11位)表示感谢;另一方面,他表示下学期想在法学院开设系列讲座或一门课程,他希望以他的《案例要件审判九步法》为基础,系统地对学生进行审判艺术的训练,以此来缩短学生从法学院到法院的距离。"

此时,邹碧华担任上海司法体制改革办公室主任,辛劳异常。于是,郑少华建议他还是先开设系列讲座,而后再开设课程,邹碧华答应了,他说："少华，我是认真的，我一定会将这个课上好的，你放心！"

"他总是想能够多影响一些人。"邹碧华高中同学余毛毛说。余毛毛是江西奉新县法院刑事审判庭庭长，她回忆说，2011年4月2日下午，邹碧华利用清明省亲的假期，为江西奉新法院全体干警做了一场以"要件审判方法与庭审技巧"为主题的专题讲座。"他给我们留了邮箱，我们法院法官们有法律难题就可以向他请教，他总是第一时间回复。"

有一次，余毛毛在同学群里说起当下基层法院法官工作不易，言语间难免有些对现实的抱怨。当天下午，"碧华特意给我发了条短信，他说，对待工作要不畏难、不畏苦、不畏强，人的一生都有一个需要坚守的价值观，再难也要坚持下去，才能感受和提升职业的荣誉感。"

"这些话别人说起来总觉得太高大上，可是，从碧华口里说出来，你会觉得，的确是那么回事，大概因为我们知道他自己就是这么一路努力过来的吧。"余毛毛说。在高中同学的微信群，每天早上第一个向同学们问候的总是邹碧华。"他经常给我们转发一些富有哲理的文章。就在他去世的当天上午，他还向我们聊起冯仑的新书《行在宽处》，想不到这竟是他与同学们最后的诀别。"

张枫常常想，邹碧华这样做的目标是什么？"他总觉得自己时间不够用，希望能有更多的人和他一起，为中国法治未来努力。"

2013年10月一天上午，北京东郊管庄八里桥，国家法官学院的学术报告厅，一百多位全国法院首届"法官心理疏导培训班"的学员们在这里聆听邹碧华讲授法庭上的心理学。

从早上8时30分讲到中午12时,拖堂已经快一个小时了,对面食堂的师傅已经把饭菜热了又热。邹碧华看了看手表,还没有下课的意思。

台下,一百多位学员也凝神倾听,邹碧华那充满金属质感的声音激荡在报告厅的每一角落——

我以前的老领导曾对我说过一段话。他说,我们生活的这个世界本来就不完美,但正因为它的不完美,才需要我们去努力,我们的存在才因此有了价值。

有人说,时间在流逝。错了,不是时间在流逝,是我们自己在流逝。我们流逝了生命,获得了什么?混日子混掉了什么?我们总是认为,当赚到了更多的钱、拥有了大房子,孩子长大了以后,就幸福了。其实,幸福不在未来。如果你今天没有幸福,明天也不会有幸福;如果你当下没有幸福,未来也不会有幸福。幸福就在当下,就在此时此刻。幸福观是我们看待世界的态度,是我们的人生态度。

有人曾和我说,听你讲课的时候感到很振奋,等回到单位,好像又陷入黑暗之中。我回他邮件说,当你处于黑暗之中,看见一支蜡烛点亮,你会有什么感受?你会感觉到温暖,感觉到光明。为什么我们自己不能成为那根蜡烛?照亮别人的同时,照亮我们自己?

十

大
数
据

「燃灯者」邹碧华

2012 年，邹碧华沉潜于基层，力推创新。但长宁区法院只是试水，甚至，邹碧华在 2012 年之前 45 年的人生积累，仿佛都是在为新一轮司法体制改革贮备，使他生命的最后两年，如蓄足能量的火山般，喷薄出浓烈的光和热。

是年夏天，党的十八大召开，誓言推进深水区改革，报告接连出现"司法公信力"、"公正司法"、"司法体制改革"、"司法公开"等关键词。十八届四中全会更全面启动依法治国、依宪治国。

2012 年 11 月，邹碧华调任上海高院副院长，分管刑庭、少年庭、研究室等，一如既往，他带着火一样的激情，投身到全新的领域。

"邹院长第一次见我就说出我的名字，哪所学校毕业，哪里人。"上海高院刑二庭法官罗开卷回忆，"他总是鼓励庭里的年轻人多学习，谁的调研工作做得好，他会详细批示表扬你。开会时，我们习惯念稿子，他要求我们一定要脱稿，他说，这样就说明你认真看了，也是提高自己演讲能力。"

让罗开卷惊讶的是，"他自己是研究民事审判的，对刑事审判并不是很熟悉，但特别虚心好学，经常和我们讨论一些热点问题，半年后，他就总结出了刑事审判防止冤假错案的 5 个原则。"

防止冤假错案是 2012 年的舆论热点。

这一年，3 月 14 日，《刑事诉讼法修正案》获得人大通过，完成了第二次"大修"，于 2013 年 1 月 1 日起施行。刑诉法此前一次修改是 1996 年。

刑诉法大修引发舆论对防止冤假错案的关注,佘祥林案、赵作海案再度进入公众视野。正是在这一背景下,分管刑庭的邹碧华开始更深层面思考司法公开这个大命题。

上海法院司法公开一直走在全国前列。此前,2011 年 1 月 17 日,上海高院对外公布了《上海法院着力推进司法公开的实施意见》,35 条内容直指立法公开、庭审公开、执行公开、听证公开、文书档案公开、审务公开六大方面。

邹碧华特别重视庭审公开。在 2014 年 11 月 23 日,生前最后一场公开演讲中,邹碧华谈道:"庭审公开,让法官处于公众的视野之中,法官在法庭上面的表现会特别得体,这个价值不可低估。"

他进而阐述道:"这也需要利用一些新媒体引导舆论。案件代理人在互联网上面发微博、发微信,可能对我们司法有一些评价。我们法院也是。比如说在李旭利利用非公开信息交易罪上诉案件当中,庭审过程中我们做了直播,庭审结束后开了新闻发布会,宣判结束的这一天同时把裁判文书传送到互联网上面,让全世界都能看见,这里面没有见不得人的东西。"

邹碧华提及的"李旭利案",是当时舆论争议激烈的热点案件。

"北有王亚伟,南有李旭利",这句话曾在基金业界流传甚广。在案发之前,1973 年出生的李旭利在基金业界享有巨大声誉。

2010 年 6 月,证监部门在一次调查中发现,李旭利曾涉嫌利用未公开信息交易。后经公安部门介入，查明 2009 年 4 月 7 日，时任交银施罗德公司投资决策委员会主席、投资总监的李旭利，在公司旗下的蓝筹基金和成长基金有关买卖信息尚未披露前，通过电话先于或同期于两基金买入相同的工商银行、建设银行股票，累计成交额人民币 5 226 万余元。并于同年 6 月间，将上述股票全部卖出，股票交易累计获利 899 万元，并分得股票红利 172 万余元。

2012 年 11 月，上海市第一中级人民法院作出一审判决，判处李旭利有期徒刑 4 年，并处罚金 1 800 万元，违法所得 1 071 万余元予以追缴。李旭利不服，提出上诉。

2013 年 5 月 23 日，该案在上海高院公开开庭审理。10 月 29 日，上海高院终审宣判，驳回上诉，维持原判。李旭利因犯利用未公开信息交易罪，被判处有期徒刑 4 年、并处罚金 1 800 万元，违法所得 1 071 万余元予以追缴。

终审宣判后，上海高院随即举行了该案的新闻发布会，邹碧华和主审法官一起，就案件审判公开答疑。

有媒体称，此次新闻发布会十分"罕见"。所谓"罕见"，是因为除涉外案件外，法院一般极少就个案的审判召开专门的发布会。媒体分析称，这是因为案件存有争议，"法院承受压力"。

新闻发布会上，邹碧华就"李旭利利用未公开信息交易案审判情况"做了通报。在这份长达 2 500 多字的"审判情况通报"中，邹碧华向媒体详细讲述了李旭利案案情及审理经过、二审维持原判的理由，以及上海近年审理相关案件情况、依法打击证券、期货犯罪的刑事政策等。

邹碧华力主召开这一新闻发布会，并非如外界解读的那样是迫于舆论压力，急于对案件审判结果进行解释。新闻发布会现场，邹碧华对整个案件审理显得相当自信。他鼓励记者提问，即使涉及案件审理当中极为敏感的证据问题，他也一一详细回应。

一如邹碧华所料，对案件审理的及时公开，并没有引发更多的舆论质疑。相反，正是这场新闻发布会，使得媒体得以了解更多类似案件的特征以及打击此类犯罪的难点和障碍。

新闻发布会上，邹碧华坦承："这类案件犯罪行为出现了异化，犯罪手法更加隐蔽，主要是账户的隐蔽性和下单行为的隐蔽性。这样就大大增加了案件的确认难度。"

他并不讳言我国相关政策制度的滞后，他坦率地说："美国的相关法律制度就比较好处理这类问题。在美国，相关人员只要在交易时知道相关信息且在相关时间段内本人从事了相同交易，就会受到惩罚。我国香港和台湾地区则采用了举证责任倒置的方法，即如果被告主张其交易行为不是基于他掌握的相关信息，他必须自行承担举证责任。基金经理们事实上会很难证明。这样，他们在从事相关交易时就会十分谨慎。而在中国，完全要由控方举证证明行为人实施了相关利用未公开信息交易行为。"

李旭利案之后，邹碧华还主持过多次敏感案件新闻发布会。"他多次谈到，要善待媒体，要积极支持媒体旁听庭审，媒体和法官都是为了同一个目标——社会公平。"上海高院刑二庭法官吴志梅回忆。

吴志梅审理一起集资诈骗案时，数以百计的受害人涌进法院，情绪十分激动。"当时我的压力特别大。"吴志梅说，"邹院长说，你们专心审案子，我来帮你们接待当事人。他安排这些当事人旁听或观看庭审直播，因为当事人中有不少老人，他还特别联系了救护车在庭外待命。他说，我们是用纳税人的钱工作的，他们是纳税人又是当事人，他们要旁听，就开放给他们听。"

2013年下半年，在邹碧华埋首研究刑事案件审理和少年司法的这段时期，从贵州调来上海不久的崔亚东院长正考虑推行两项改革：信息公开、破解立案难。

审判信息公开，上海法院一直走在全国前列。早在1996，上海法院就开始建设审判流程管理系统，上海法院系统所有案件审理信息都纳入该管理系统内，一个案子，立案后审理流程是否规范、审理现场如何、何时审结、审判结果怎样，管理平台上一览无余。如果法官没有按程序审判，或者哪项业务流程超时，该提交的材料没有提交，系统都会自动报警。最高法院的评估显示，自1999年至2012年，连续5年来，上海审判公正指数全国第一。

尽管如此,立案难、执行难、联系法官难的投诉仍时有发生。

"为什么我们的自我认识和民众感受之间有差距?因为民众的知情权、监督权还没落实到位。"崔亚东说。

标准化流程并不意味着结果的标准化。案件本身千差万别,加之法官有自由裁量权,仅靠内部监督远远不够。

此前,上海高院已经有了在线诉讼服务平台、12368短信服务平台和窗口接待服务平台。上海高院决定将三者整合,打造一个全新的12368诉讼服务平台。

"建立12368诉讼服务平台是受碧华在长宁区法院'小总机'改革的启发。"崔亚东回忆,"碧华曾经和我聊过他在长宁区法院的改革试验,我就想,他的那些做法能不能在更大的平台上复制?"

长宁区法院"小总机"改革缘于一次投诉。

一次,邹碧华接到一民众投诉,称打了30多个电话也找不到法官。邹碧华专门到总机处进行调研,发现法官电话无人接听原因有三种:法官开庭、法官外出、法官在办公室但不愿接听。

为什么会不愿接听呢?邹碧华进一步走访,原来法官也有苦衷,有些当事人在电话中纠缠不休,有时候法官手头案件实在太多,好不容易有点时间写判决书,还要屡屡被电话打断思路。

怎样既能让当事人能及时了解案件进展,又不至增加法官的工作负担?

邹碧华在长宁区法院开始探索设立"小总机"。

"小总机"其实是一个集电话转接、案件信息查询、来电咨询为一体的诉讼服务平台。

有了这个"小总机",在当事人打入法官分机电话无人接听时,总机接听人即在该软件系统中输入来电人的姓名、联系电话号码及所要反映情况的简要内容等,由承办法官在三个工作日内予以回电;当事人来电处理情况和绩效考核挂钩,使法官从主观上更加重视当事人的来电来访,客观上起到了监督作用;同时,对总机接待采取定期抽查电话录音,进行接待礼仪用语考试等考核方式,保证接线员的接线水平与质量。

崔亚东着手推进这项改革的时候,也有不同的声音,"有人说,崔院长,你刚来,不了解情况,法官怎么能接当事人电话,和当事人保持密切联系呢?"

崔亚东发现,很多人根本不了解邹碧华在长宁这项改革的实质。要不要推广长宁区法院改革实践经验?怎样推广这项改革?得用事实说话,崔亚东派人去长宁区法院进行详细调研。

2013年10月9日,《人民法院报》刊登了一篇题为《上海长宁区法院如何破解"电话找法官难"》的文章,详细报道了长宁区法院电话总机改革的始末。

这篇报道写道:"小小一个总机,使得大量内容琐碎的询问、疑问、质问在第一时间得到回复,从而有效缓解了当事人的焦躁和不满情绪。据统计,长宁区法院2011年收到当事人涉及案件的投诉65件,2012年51

件,今年上半年仅为 15 件。相反,上半年当事人通过来电表扬法院多达 30 余次。"

崔亚东说:"这篇报道就是要说明长宁区法院改革是怎么做的,它取得了怎样的一个效果,我们不能墙内开花墙外香。"

2014 年 1 月 2 日,新年的第一个工作日,上海法院 12368 诉讼服务平台正式开通运行。这是全国首家实现一门受理、分级分类处理、三级法院联动的省级法院综合性诉讼服务平台,集诉讼热线服务、网络在线服务、短信与微信服务、窗口现场服务等多元服务于一体。

表面看起来,这似乎只是个网络化司法服务平台,事实上,它牵一发而动全身。

当事人从递交材料起,系统就自动生成一个序号,当事人可以用他的序列号登录平台,了解案件进度。从递交材料到立案、审判、执行,所有环节平台都有记录,当事人都可以在法律权限内进行跟踪查询。网上"雁过留痕",前面一步没有操作,就进行不了下一步,一旦弄虚作假,就很容易被查到。

"2014 年,我们 12368 诉讼服务平台收到了 17 万个来电,这其中,40% 以上是咨询,30% 左右是查询电话,20% 左右是联系法官的。"崔亚东说,"如果我们不接进来,不帮助解决好他们的问题,这 17 万个来电,会不会变成 17 万条意见?而这些意见我们通常又听不到,司法公信力却在其中消耗掉了。"

长宁区法院的调研让崔亚东发现了邹碧华在信息化、可视化管理方面的才能。12368诉讼服务平台酝酿、建设之时,上海高院领导班子调整分工,邹碧华开始分管信息化工作。

信息化、大数据、云平台……能够在更大的管理平台上探索法院可视化管理,令邹碧华异常兴奋。

在长宁区法院4年,邹碧华率先在审判流程、执行流程、信访等领域探索可视化管理,但基层法院的平台毕竟有其局限性,比如数据信息共享、审判数据的智能分析等等,就难以开展。

许多蛰伏已久的想法在邹碧华心中翻腾着:

"法官专业化、职业化需要科学的思维方式武装头脑,也需要现代化的办案手段和智能化辅助工具。"

"信息化的大趋势,云计算、大数据、可视化技术已扑面而来,深深改变着我们身处的时代。作为一名现代法官,不懂得应用信息化手段办案是落伍的,作为大都市的法院,不开发或没有能力应用最新科技服务进行审判实践,将无法与世界接轨。"

"要依托信息科技打造公正廉洁为民的现代化法院"。

但此轮的信息化建设不似邹碧华的"长宁试验"。

一方面,上海法院信息化建设已有诸多成就,且走在全国前列。要在这基础上进一步提升信息化水平,需要有宏观视野和前瞻性的系统设计。

另一方面,法院信息化走到今天已经不是简单的信息技术加减法,它和司法公开、司法监督融为一体，通过移动化办公、可视化管理、数据化分析，建设"智能法院"，并"将审判权关进制度笼子"。

邹碧华提出了上海法院信息化的建设思路："四个服务"——服务司法为名、服务司法体制改革、服务审判管理、服务法官办案，以达到司法公开常态化、司法为民便捷化、办公办案智能化。

他主持制定了上海高院信息化建设三年规划，同时，建立了上海法院审判管理信息中心、执行指挥中心、司法警务指挥中心、数据共享中心及十大司法公开与服务平台，综合运用互联网、"大数据"、"云计算"等信息技术，用信息化力推司法公开。其中，有 6 项应用属于全国法院首创。

这段时间内，"大数据"成了邹碧华工作、生活的关键词。

"他一向对新技术感兴趣。"唐海琳回忆，"很早就用计算机，打字速度飞快，他电脑制作相册非常好看，微信也很早就用了。"

许多人都知道邹碧华是个"技术流"，每进入一个新领域，必定要对这个领域的专业技术深入研究。

"邹院长在长宁主持开发信访软件时，从研发登记软件，到完全自主研发的信访投诉监管系统，他对我们技术科提出的要求越来越高。"长宁区法院技术科科长顾文汇回忆说："我们每上一次院长办公会，都会先反复讨论五六稿，甚至十几稿，就这样还给邹院长抓出很多错误来，所以，每次上会的前一个晚上，我几乎都睡不好觉。"

"分管信息化以后，邹院长如饥似渴抓紧点滴时间学习最新信息技术。"上海高院信息管理处处长曹红星回忆,仅大数据专题,他先后就读完了近 50 本书籍。

"记得有次出差到北京,因天气原因,飞机晚点 5 个多小时,周围的人聊天、打牌消磨时间,邹院长躲到一旁看起书来。"曹红星说,"他看得太专心了,航班快起飞了还不知道,差点误了登机。"

有一次,邹碧华带队到基层法院调研,大家正热聊之际,突然发现邹碧华不见了,仔细一找,他正趴在一位法官的办公桌上体验新开发的系统,随身带的笔记本上记得密密麻麻,上面记录着基层法官提出的种种改进意见。

曹红星用"叹为观止"来评价邹碧华对大数据技术的学习和研究。在一篇公开发表的纪念文章中,曹红星详细记述了邹碧华在信息化管理上的一系列创新。

他主导开发"裁判文书智能分析系统"。在国内法院首次利用大数据分析技术,对裁判文书进行智能评查,分析是否存在逻辑推理及论述严谨性等问题。这等于给法官配备了"智能秘书",帮助法官把关案件裁判文书质量。

他主导推进"法官业绩数字化评价"。法官办案工作量评估是长期困扰法院的难题,这个评价体系,加大工作实绩的权重,对不同案由、不同类型案件审理难易程度进行科学计算。在此基础上,他设计出"案件权重系数"应用到司法体制改革当中,人员分类员额、岗位配比、法官人力资源办案占比,有了科学计算方法。

"每个信息化系统都凝聚了他的心血,一个信息系统从开发到发布往往要修改 10 多次。大到软件的界面是否人性化、系统构造是否合理、用户体验是否良好等内容,他亲自把关;小到文本框的字体用什么颜色,下拉列表的内容是否对齐等细节,他都能注意到。"曹红星回忆。

上海高院信息指挥中心改造,设计图纸前后修改不下 11 稿,信息中心的家具设计、位置安排、颜色搭配、灯光类型、电脑屏式样等,邹碧华都亲自把关,认真研究,并要求看实物样品、作对比分析。一如长宁区法院审判大楼改造,邹碧华常常出现在信息指挥中心的改造现场。为考察施工质量,他亲自爬上楼梯,确定通风口及各种管道设施是否按设计施工。

"开发裁判文书智能分析系统时,专业技术人员不懂法律,理解不了他说的很多思路框架和专业术语,他就利用周末空余时间为他们讲解系统涉及的法律知识,这样的讲解沟通一谈就是两三个小时。"曹红星回忆,"有一次,晚饭后散步,他突然灵感闪现,想到用一张思维导图把'办公办案一键通'软件的功能与各部分之间相互的关联清晰地表述出来,他立刻将想法付诸实践,用一个周末的时间在办公室把图做了出来,使软件开发人员茅塞顿开。"

这一年,经常有外地同行来上海考察学习,邹碧华的讲解和他做的法院信息化管理 PPT 总是会引发惊叹,有人在他演讲后悄悄问曹红星:"你们邹院长是学计算机专业出身的吧?"当得知他是法学出身,是一名法学博士的时候,连连惊叹。

法院信息化是通过信息技术将权力运行可视化,也让当事人的权利可视化。在生前最后一次公开演讲中,邹碧华曾生动地描述了执行可视化管理的技术完善过程。

"过去,所有当事人付过来的执行款、担保款,每进一笔都需要法官到财务那里去认领,难免出现人工识别滞后,甚至有大量的款项无法识别。

怎么改造?

我们跟银行谈妥,他们给我们建立二级账户代理。什么意思?进入到上海市某某人民法院的账户里面的款,我们给当事人付费的账户号是特定化的,是你这个案件当中才有的账户号。你在付款的时候,实际上银行已经自动把你这笔款项识别为某起案件某方当事人付的款,这个钱付进来,整个审判执行、流程管理系统就会自动抓到这个信息,纳入到监控里面来。如果执行款超过三个月没有发还,红灯就会亮起来。五个月没有发还,红灯亮起来,高院监察室就能马上看到并关注。这样就把这些款项置于可视化的状态。我们讲权利可视化,这个权利要让大家看得见。

诉讼保全的例了,我们在互联网上面开了一个诉讼保全的申请功能。大家不要小看这个功能,我曾经统计过我们诉讼保全的情况,一统计,我觉得挺糟糕,平均需要 10 天到 15 天,时间挺长的。这个钱一到账,要查封,最好今天去,但拖到 10 天到 15 天就可能出现很多找领导、找关系、托朋友的情况。由于这个统计是领导关注的事情,下面就开始紧张起来。

很快，我们效率大为提升，两到三天就把保全的问题解决了。我一开始还有一点沾沾自喜：管和不管果然不一样。

但后来发现还是有投诉，有一天接待投诉的当事人，我问为什么还要投诉呢？对方说有一个法官，在他递交申请的时候，不让他填写申请日期。类似的问题我们是很难看见的。但我们现在搞信息化，把申请放在互联网上面进行，回车键一敲，日期就自动生成了。这样，全上海所有的诉讼保全就都生成了一张图表，超期情况怎么样，完成情况怎么样，时间最长是什么案件、最短是什么案件，都可以看见。

这意味着我们把法院的管理权交给大家了，事实上就变成法律共同体共同管理的法院。

我们觉得权利可视化、司法公开，要逐步向这个方向发展，这是代表我们法治在不断的进步。"

权力可视化、权利可视化，公开的是审判信息，整合的是利益格局，每一个公开服务平台的开发都不易。

2014 年 6 月的一天，邹碧华提出，能不能建设一个律师诉讼服务平台，作为上海高院 12368 诉讼服务平台的一部分。

2011 年，上海高院已建设了"上海法院在线服务律师平台"，开通了包括"网上立案"在内的 8 项诉讼服务功能，但用的人不太多。

问题出在哪儿呢？邹碧华带队去上海律协调研，发现平台服务不到位，功能单一，没有贴近律师的需求，"网上立案"只是预立案，律师拿到立案编号后还得到窗口去立案。

邹碧华让曹红星做个调查统计，看看立案受理中律师代理的案件占多少。曹红星回忆说："结果发现，有40％左右是律师代理，那么，我们如何服务好这个群体呢？"

在邹碧华看来，服务律师群体，并不是法院这里单方面提供几项网络服务功能，而是要利用诉讼服务平台，解决诉讼保全难、施法不统一的问题。

比如诉讼保全，原来的诉讼保全是提交纸质材料，但什么时候开始启动，当事人无法及时了解，有时时间拖得很长。如果从网上申请开始系统就自动就计时，及时提醒，律师也可以随时监督。"他对律师服务平台的认识，已从传统意义上的单向服务，上升到相互评价、相互监督、相互促进层面。"

"律师服务平台设计开发过程中也遭遇了许多困难。"曹红星回忆，因为许多信息要对律师开放，引发了法院内部的不同声音。

有人不理解，为什么要把我们自己内部的东西提供给律师，而且，这不是我们法院本身的职责范围。也有人提出，律师服务平台开放后，许多事项必须在规定时间内提供、回复，法官的时间会不会被套牢？大家最担心的还是"适法不统一"问题，律师群体对这问题意见已经很大了，如果再任由律师将这些问题放到网上去，会不会引火烧身？

邹碧华召开多场法官座谈会，认真地听，也仔细地解释。

"他说，我们既然做这个平台，就是要把用户放在心上，把用户的事情做好，否则这个工作就没有任何意义。既不想动自己的利益，又想把平台做好，那是不可能的。"曹红星回忆。"我记得，他当时要说服很多人，包括有些领导也提出，这个最好慢慢来，但他很坚持。当时，连律师也说我们的胆量很大。"

要真正实现网上立案，就得设置网上支付系统。

在生前最后一次公开演讲中，邹碧华兴致勃勃地说："我们首先解决一个问题，推出'一站式'网上缴纳诉讼费的服务，跟银行、第三方付费平台合作，让他们提供这个服务，跟我们系统对接。对接以后，发送缴费通知，当事人再登录我们网站进行付费。完成缴费以后，再通过快递公司把材料交给法院，法院把相关材料交给当事人就可以了，这样我们就真正实现了足不出户。"

听起来，整个操作过程简单明了，但设计过程却颇费周折。"因为涉及银行、财政、第三方支付，不同部门需要沟通协调，他总是冲在前面，先后开了许多协调会。包括一些信息的公开，需要与多方沟通，打通各个环节，阻力很大，过程很艰难，但他都担当下来了。"

在自己制作的"上海法院信息化情况汇报"PPT中，邹碧华精心勾画了未来法院的信息化蓝图。

邹碧华心目中的法院大数据系统包括：41个审判管理系统、8个为民服务系统、7个司法公开系统、21个政务工作系统、10个队伍管理系统、

13个信息技术系统,以及云系统、裁判文书智能分析系统、手机APP、案件权重系数,等等。这些信息系统有的已经开发成功,有的刚刚启动。

"这些都是邹院长的创新,我知道他正在写一本'可视化管理'的书,很多素材都和我探讨过,可惜,没来得及完成。"曹红星慨叹。

至今,邹碧华家中书桌上还堆放着许多关于信息化和大数据方面的书籍,桌上的笔记本电脑仍是他去世前一晚摆放的位置。

生命的最后两年间,邹碧华在书房里呆的时间越来越晚。

"工作后,我到上海来看导师,以前他总是要抽空和我聊聊。但这两年,他的时间明显不够用了。"邹碧华的硕士研究生夏关根回忆,"从2013年开始吧,每次我去看他,他会从书房下来和我说会儿话,坐一会儿就说,手头还有些事儿,你和师母聊会儿,我不陪你了。他总是在写东西,我们劝他歇息,他说正好有些想法,先理下来。"

不过,邹碧华很少会将工作压力带回家中。"有他在,家里总是充满笑声。"唐海琳回忆,"他在家里就像个孩子一样,有什么开心的事情,总会摇头晃脑地告诉你。看到电视上唱歌选秀节目,他就说,如果我上去唱,导师也会转身,说不定也能进前三甲。""碧华年轻的时候性子其实挺急的,他敢于说真话,容易得罪人,我知道他是为了把事情做得更好,但我也提醒他要注意方式方法,不要那么直来直去的,要让人接受。他说,会慢慢改。后来,真的改变了许多。"

邹碧华对父母很孝顺,把江西老家的父母接到上海来住。以前房子小,他将儿子的房间腾出来给父母住,儿子跟他和海琳挤一间。后来有条件换房子,他专门在家里腾出一个独立的空间,给父亲做"版画工作室"。不管是父母生日,还是平时到外地出差,他都会记得买些小礼物送给父母。

家中客厅与饭厅之间,阁楼上书房与过道之间,邹碧华细心地设计安装了布帘。公共空间有分有合,为的是家人在公共空间中也能各取所需,互不影响。

工作再忙,邹碧华还是抽时间和两位弟弟一起,给专注于版画艺术的父亲出了本画册。画册的自序是邹碧华替父亲修改润色的。"我自己写了一篇给碧华看,他摇摇头说,不行,我帮你弄!"邹连德说。

这篇自序的开头这样写道:"有人说,一个人愿意付出生命去追求的事情,不一定是为了别人的赞许或者歌颂。他的奋斗、他的努力,并不为人所知,但他仍然愿意为之付出,不为别的,只为享受那些付出的过程。"

懂得享受付出的过程,才能够体味到生命的甘美。

这是邹碧华眼中的父亲,也是他心中的自己。

对生活充满热情的人,总是善于发现生活之美。邹碧华家中墙上挂着他精心制作的摄影作品,无论是家人的笑脸,还自然风景,动人的瞬间照见的是一颗敏感细腻的心。

"以前我们每年都会带儿子出去玩一次,每次回来,他就做一本电脑画册。他去世前不久还和我提起，上次大学同学聚会的相册还没来得及做，他又说，过段时间再做了给同学们，有些东西隔一段时间再回头看，更有意义。"唐海琳回忆，"有一年，他在一本家庭画册上写下，'一个不懂得爱家庭的人，就不可能真正爱这个世界。'这是滕一龙院长说的一句话。他曾经问过老院长，为什么不留在北京发展，职级上还可能再上一个台阶。滕院长和他说了这句话，告诉他，生命中最爱的家人都在上海，所以选择回到上海。这次对话对他触动很大。"

唐海琳眼睛不好，晚上出门，邹碧华总会握住海琳的手，提醒她，哪里有台阶，像是海琳的"拐杖"。

"但有一件事，他坚持要我帮他做，就是帮他掏耳朵。"唐海琳回忆，"他专门买了个带灯的耳勺回来，给我布置'任务'。每天回到家，只要时间允许，他就要我坐在他身边，帮他掏掏耳朵，觉得那是他一天中最享受的时刻。"

如果有闲暇，邹碧华会念书给唐海琳听，诗歌、散文，都很喜欢。

当你老了，头发白了，睡思昏沉

炉火旁打盹，请取下这部诗歌

慢慢读，回想你过去眼神的柔和

回想它们昔日浓重的阴影

多少人爱你青春欢畅的时辰

爱慕你的美丽，假意或真心

只有一个人爱你朝圣者的灵魂衰老了的脸上痛苦的皱纹

垂下头来,在红火闪耀的炉子旁

凄然地轻轻诉说那爱情的消逝

在头顶上的山上它缓缓地踱着步子

在一群星星中间隐藏着脸庞

叶芝这首《当你老了》,邹碧华不止一次吟诵给海琳听。他对海琳说,希望能有一天,找个安静的地方停下来,两个人,写写书,看看世界。

但邹碧华停不下来。

司改奋楫者

『燃灯者』邹碧华

2013年秋天,党的十八届三中全会召开,《中共中央关于全面深化改革若干重大问题的决定》出台。尽管"推进法治中国"建设只占其中的一小部分,但从整个文件所提出的改革目标来看,"法治"是中国新一轮改革的关键词。

"要维护宪法法律权威,深化行政执法体制改革,确保依法独立公正行使审判权检察权,完善人权司法保障制度",随着这份文件的公开发表,司法体制改革的时间表、线路图也渐渐浮出水面。

司法体制改革箭在弦上。

与以往历次司法体制改革不同,此次改革是要破解影响司法公正和制约司法能力的深层次体制问题,改革进入深水区、攻坚期,没有经验可循,没有样板可学。谁走在前面,谁就先要在深水区趟路。

是年11月,上海高院成立了司法体制改革领导小组,谁能担任司改办主任,挑起改革重担?

"我提议让邹碧华担任。司改办需要研究室参与,碧华分管研究室,让他担任司改办主任,管理机制上是顺的。"崔亚东回忆。不过,选择邹碧华,更多的原因可能还是因为他在长宁区法院的改革试验。"他平时对改革有很多思考,又有丰富的司法实践,积攒了很多经验,加之他在美国研修时就对司法体制改革有过系统研究,他完全能胜任这个工作。"

经上海高院党组讨论决定,正式任命邹碧华为上海高院司法体制改革办公室主任,并增设司法体制改革专项试点工作办公室,该办公室与高院司法体制改革领导小组办公室合署办公,邹碧华兼任试点办公室主任。

山雨欲来风满楼,闻听改革将至,质疑声四起。

有人抱怨"案多人少",改革只会给基层法官徒增压力;有人质疑没有独立审判,何来永久追责;有人担心,各基层法院情况不同,"一刀切"式的改革,会不会导致改革流于形式。改革身未动,舆论已是纷纷扰扰。

邹碧华怎么看待这场改革?

在很多年前一次接受媒体采访时,邹碧华曾公开谈过他对中国法治建设的观点。他说:

"我是一个乐观主义者,现在的司法还是不完美的,这是转型期的基本特征。其实,我们国家从恢复法院到现在也才三十多年,想要它在三十多年就可以成长到一个很完美状态是不现实的,所以要历史地看待问题。

"我们要看到进步,当时我们的法学院学生都是凤毛麟角,现在我们的公务员招考都要研究生以上,从中我们可以看出,我们司法制度的发展。那么,再过两代人,可能就只有学法律的人才能担任法官,这是一个逐渐更替的过程,不要指望它一夜之间能够完成。我们不能把这个时间人为地缩短,不能拔苗助长。所以我们要看到进步。我们现在比较一下十年前的立法与二十年前的立法,是不能同日而语的。我们的司法制度需要一个逐步完善的过程。

"我们每一个人都应当有历史参与感,现在很多人都抱怨着司法的不完善,很多人在抱怨别人的时候,可能自己写的那个判决书也不是那么完美。那么与其抱怨,还不如做好手中的事。其实每个人都是历史,如果每个人能让自己完美一点,历史也就会完美一点。"

邹碧华深知,法治建设本身是一个动态过程,它必然与社会生活紧密结合。改革没有"最好",只有"更好",而迈向"更好"的过程必定是个艰难跋涉的过程。

与以往改革不同的是,今天的司法体制改革不再是由下而上的底层创新推动,而是顶层设计主导,中间推进,基层实践。如何将顶层设计的战略意图与基层实际相结合,找到一条切实可行的改革路径,这是对处于中间层的改革推进者们的巨大考验。

邹碧华生前曾写过一篇题为《司改路上,注意把握"四个核心"》的文章,刊登在2014年12月21日的《人民法院报》上。这篇文章系统阐述了他的改革理念。

他写道:

党的十八届三中全会勾绘了司法体制改革的宏大蓝图,蓝图的实现需要一套科学的方案作为保障。当前,司法体制改革正处于决策的关键时期,在司法体制改革的实施路径上应当采取整体规划、分步实施的策略,注意把握"四个核心",有重点、有步骤、有秩序地推进司法体制改革工作。

这"四个核心"包括:以司法责任制为核心,构建权责明晰、权责统一、监督有序、配套齐全的审判权力运行机制;以人员分类管理改革为核心，构建司法的职业保障制度；以分工模式科学化为核心，构建法官中心主义的管理模式；以法官评价机制科学化为核心，构建法官的优胜劣汰机制。

改革启动之初，邹碧华并不急于制定方案。改革历史机遇难得，每一步都要慎重迈出，任何急功近利、浮光掠影的改革不仅会对改革对象造成伤害，也会令大家失去改革的信心。尽管邹碧华心中已经有了一套成熟的想法，但在没有基础数据、没有科学调查分析之前，他还不能贸然将这些想法落在纸上。

数据！数据！

审判权力运行机制改革，确保"审理者裁判，裁判者负责"，如何去行政化？

这需要研究上海法院中裁判文书层层审批的情况究竟占多大比例，每个法院的审委会每年讨论的个案有多少，领导对审判的行政干预究竟有多严重。

人员分类管理改革，将法院人员分为法官、审判辅助人员和司法行政人员，实行分类管理，法官员额比例多少才算合理？

这需要先测算出上海法院系统法官的办案工作量，再推算出上海法院系统审判工作需要的法官数量总额，还要考虑各个法院的实际情况，才能最终确定相对合理的法官员额。

邹碧华需要第一手的调研资料。他带领司改团队，对上海法院系统所有法官近5年工作信息逐一调出分析。

"每次司改办开会,邹院长都会说,顾全,你把上次的数据再报告一遍,再讲讲根据这些数据可以得出的结论。"上海法院司改办副主任、闵行区法院副院长顾全回忆。

有些统计分析不能只看表面数据。

长期以来,法院在对法官办案业绩进行评价时,往往对不同案由、不同类型案件采取同一标准评判,且仅计算数量而忽视案件实际办理中的繁简程度。

这不符合司法规律。

有的案子案情单一,很快就能结案;有的案情复杂,牵扯面广,法官要投入很大的精力处理。那么,仅仅以表面的案件数来计算分析上海法院法官们的工作量,并由此确定法官员额,显然不科学。

邹碧华将自己一直思考的"案件权重系数理论"运用到法官办案工作量分析中,主持研究"法院案件权重系数"课题,先后采集近150万件案件、每件案件涉及70余项信息点,旨在合理测算、科学评价法官办案业绩。

根据"案件权重系数理论",计算一件案子的工作量要综合考量6个指标:案由、审理程序、庭审时间、笔录字数、审理天数、法律文书字数。

简易案件设定固定系数,一些特殊案件评估,则在基本系数基础上再增加浮动系数。

"设计这套案件权重系数,邹院长费尽了心思。"顾全回忆,"样本采集要精确到法官办案工作的每一个细节,连法官休庭上厕所的时间也不能漏掉。"

"案件权重系数"一出,以往法官工作量、法院工作量的水分都被挤出来了。

"比如,法官甲与法官乙一年的办案数量同样为197件,但经过权重系数的换算,甲的工作量被换算为137件,乙被换算为56.3件,经进一步细化分析,原来法官乙办理的案件大多为批量案件,审理时间短、法律文书也较为简单,大多数案件适用了固定系数。"郭伟清说。

在邹碧华的PPT里,有一份各基层法院办案量排名表,运用案件权重系数测算后,排名有了变化,原先排名靠前的,名次往下掉了。

这就像挤掉GDP水分一样,总是有人不舒服。

"碧华敢说,也敢担当。很多时候,他冲在前面沟通协调,他说'你们不方便去说,我去说'。"郭伟清回忆,"他还说,要将在上海高院的每一天都当着最后一天来过。碧华是将改革作为事业在做,而不是作为一件事情来做。做一件事,就要考虑是不是能摆得平。做事业,就是一个标准,怎样有利法治进步,就怎样设计推进。"

在深入调研的基础上,邹碧华带领司改办团队梳理了5个大类100多个问题,研究了10多个国家和地区的法院管理及职业保障制度,前后历经 34 稿,最终确定了《上海法院司法体制改革工作实施方案》。

2014 年 6 月 6 日,中央全面深化改革领导小组第三次会议通过了《关于司法体制改革试点若干问题的框架意见》《上海市司法体制改革试点工作方案》。

2014 年 7 月 12 日,上海司法体制改革启动。上海二中院、徐汇区法院、宝山区法院、闵行区法院为首批试点法院。

改革方案包括:,

实行法官单独职务序列管理。核定法官员额,法院人员分成法官、审判辅助人员、行政管理人员三类,三类人员占队伍总数的比例分别为 33%、52% 和 15%。

完善司法责任制。推行主审法官办案责任制,建立办案人员权力清单制度,加强对司法权力的制约监督,形成权责明晰、权责统一、管理有序的司法权力运行机制和监督机制。

探索建立省以下法院法官省级统一管理的体制;探索建立省以下法院经费省级统一管理机制;健全法官及司法辅助人员职业保障制度。

上海司法体制改革方案一出,立刻引发了舆论的强烈关注。尤其是法官"员额制",被指为改革最大亮点。

"只有当法官、检察官的人数减少到现有规模的 1/3 时,专业化、精英化之类的改革举措才能落实,对办案责任的追究才不至于无的放矢,司法人员必要而充分的身份保障和待遇才能提高。正是这个'员额制',激活了司法机构的一池静水。"上海交通大学凯原法学院院长季卫东如是评价。

最亮点却也是最难点。

律师陈有西则直言不讳："中国改革最难的两个阻力，一个是思想观念的转变，一个就是人的利益格局重新调整。很多改革改不下去，半途而废，往往就是这两个原因。上海司法体制改革是对现有司法人员 60 年来的利益格局、权力格局的重新调整，必然引起内部的震荡。"

根据方案，法官员额要从原来的 49% 压缩到到 33%，法官人数在减少，但案件量却逐年递增，有的基层法院案件每年增长率超过 10%，如何解决案多人少的尖锐矛盾？

邹碧华在方案中提出了法官助理的概念。"让法官从繁杂琐碎的事务中解脱出来，专心办案。"

早在 2011 年，邹碧华在长宁区法院院长任上时就探索过法官助理制度。而对这一制度的研究，最早可以追溯到 2000 年他在美国联邦司法中心研修时期。

美国调研一年，邹碧华写下了 4 万字调研报告。司法体制改革启动后，他又特地将报告重新梳理、补充了新的内容，形成了一份《美国联邦法院内部职责分工及法官辅助人员配置方法的情况报告》，详细阐述了"美国经验对中国法院改革的借鉴意义"。

在邹碧华看来，设置法官助理还不仅仅是为了给法官"减负"，人员分类管理的改革最终是要建立起法院"法官中心主义"的管理模式,"让法官像法官,法院像法院"。

在《司改路上,注意把握"四个核心"》一文中,邹碧华对这一观点进行了详细的论述。他写道:

法官中心主义的管理模式,意味着法院应当突出审判核心职能,减少行政事务对审判事务的影响。

法治发达国家在法院职权配置上大多采取"分离模式",即将法院的行政管理事务与审判严格分开,这主要出于优化司法资源配置,提高诉讼效率的考虑。而我们现行的法院管理体制中,审判与行政在很大程度上相互混同,既影响了审判工作的专业性及权威性,也降低了司法行政管理的专业化程度。

因此,此次改革中应当加快研究建立符合法院特点的机构分工模式,推行人事管理、经费管理、政务管理等司法行政事务的相对集中管理,减少行政性事务对审判资源的占用。

法官中心主义的管理模式,还必须要加快司法辅助人员配套机制的建设。在推行法官员额制的过程中,增加法官的辅助人员,科学设定审判辅助人员的分类及工作职责,探索辅助性事务工作社会化管理模式,通过审判辅助性事务的专职化、集约化管理提升工作水平,确保主审法官和合议庭有效履行审判职责。

设置"法官助理"这项改革的阻力并不大,最难的,是如何把现有法官的比例从 49％降到 33％。

上海法院系统现有审判员、助理审判员 3 665 名，压缩到 33％，这意味着，要有 700 多名现任审判员、助理审判员进不了员额，那么，谁能进？谁来筛选？筛选的标准是什么？

按照传统管理思维，最简单的办法是"论资排辈"，在现任审判员和助理审判员之间"切一刀"，这样阻力相对较小、操作简便。

邹碧华坚决反对。

在前期调研中，邹碧华发现，实际办案过程中，许多助理审判员承担了大量的工作，有的甚至就是审判一线的主力。如果采取"一刀切"的办法，年轻人工作积极性没了，一些多年未办案子的老法官们重返一线，他们能否担得起独立审判责任？

邹碧华忧心忡忡，在最高院、上海市政法委、上海高院内部等各个不同场合呼吁，不能让助理审判员"就地卧倒"，"要有科学的考核标准，让真正能胜任审判工作的优秀法官进入员额"。绝对不能搞职务上的"一刀切"，更要杜绝滥竽充数。"要把精通业务、专业素养过硬的法官都留在法官岗位上，不论他们是多么年轻、多么资浅！"

"碧华非常强调并且始终坚持，一定要腾出员额让年轻的助理审判员有机会参与遴选。"上海市委常委、政法委书记姜平回忆，"发表这样的见解和观点，需要承受很大的压力，毕竟老的审判员都从事法院审判工作几十年，默默无闻地做了大量工作，他们不能入额，内心会很纠结。"

"在讨论的过程中,我们有过争吵,有时还非常尖锐。"姜平说,"他不会因为面对领导就妥协迁就,而是敢于说真话,有时会后他会准备好详尽的资料到办公室进一步和我讨论。"

最终,决策层决定采取严格考核、考试,择优录取的方式,公开遴选入额法官。

但是,新的问题又来了。

33％有没有必要一下子用足? 能不能给后面年轻人多留点机会?

有一天,邹碧华兴冲冲地来到郭伟清的办公室,一进门,他就兴奋地一拍桌子,说:"伟清,我想了一个办法,员额制我们能不能倒过来,从小往大做,第一年控制在25％以下,第二年27％,第三年再放一点。不能一下子将员额用光,将标准定得严格些,给年轻人再多点机会。"

虽然最终方案没有采取邹碧华"由小到大,逐步实现33％员额"的建议,但实际上,4家试点法院首轮法官遴选均未用足员额,入额法官员额比例仅为27.6％,这当中有相当比例的原助理审判员。

问题一个接着一个。

建立法官薪酬保障制度,需要说服许多人。"有一天,有关机构来调研,邹碧华准备了一晚上,运用大量数据试图说服他们支持改革。但讨论时,还是有人质疑,法官辛苦,警察是不是更辛苦? 还有环卫工人呢?"崔亚东回忆,"改革最难的是这些观念上的阻力,碧华就用翔实的调研分析数据,在各种场合反复宣讲。"

在一次司法体制改革研究会上,姜平提出,要建立中国特色的新的法官检察官薪酬制度,必须迅速摸清底数,还需比较世界各国的情况。"我问,能不能有美国、日本、欧洲、中国香港等地的现有法官检察官薪酬制度作为参考比较。没想到,十天后,碧华就上交了一本厚厚的调研材料,数据翔实,分析科学,为拟定上海法官检察官的薪酬制度建立了良好的数据基础。"姜平回忆。

繁重的工作消耗着邹碧华和他的司改团队无数个夜晚、休息日,上海高院司改办的那层楼面常常灯火通明。

"这日子真不是人过的。"

回想起制定上海法院司改方案的那段日子,上海高院司改办陆伟说:"从4月到7月,每天加班,一直到7月31日召开全市司改动员大会。我记得,那天我第一次准时在下午5时半下班,我在微信里写下'庆祝本月第一次准点下班回家'。"

邹碧华更累。

"他累了就在后座拿个靠垫睡一下,星期天从来不休息,有一次我在高院等他下班,一直到凌晨3时他才从办公室出来。"邹碧华司机李小马回忆。

上海高院司改办副主任张新2014年9月才调任上海高院,和邹碧华相处两个月,他发现,"这个领导有些不一样。"张新回忆。

"他有三句口头禅。"张新说。

2014年10月一天,张新陪邹碧华去甘肃兰州开最高院司法体制改革座谈会,上午6时从上海出发,到兰州12时。会议安排可以住到第二天,但他当天晚上就赶回去,到上海已经是夜里12时。他总是说:"没事儿,我不累!"

邹碧华是司改办主任,接待任务很繁重,按常规,张新应该陪着他参加会议,但他总是说:"现在人力成本很昂贵,你们先忙去吧,我自己一个人去就行。"

司法体制改革的许多工作他都是亲力亲为。"我们有个介绍司法体制改革进展的百宝箱式的PPT,这几百页的PPT是他自己加班加点完成的。他总说,只要我能完成的,我尽量不麻烦你们。"张新说。

最高院司法体制改革领导小组办公室主任贺小荣因司法体制改革与邹碧华结缘。贺小荣每次到上海出差,邹碧华总是在午饭后请他到上海高院图书室坐坐,两人各要一杯浓咖啡,畅聊司法体制改革。

凡涉及司法体制改革的大型会议,贺小荣必请邹碧华。"他基本都会来,来了就讲上海的事情。他不否定别人,不咄咄逼人,先肯定别人的做法,再谈上海的经验。"贺小荣说:"他熟悉西方法律,同时深受中国传统文化教育,坚守中国方法。让先进的技术和理念为中国改革实际服务,这是邹碧华的智慧。"

贺小荣至今记得两人最后一次热聊的情景。邹碧华侃侃而谈,讨论法官权力监督的问题。

还法官以独立审判权，这是司法体制改革大方向，坚决不能动摇。然而，邹碧华担心，以目前中国现实和法官队伍现状，不能全盘照搬国外那一套。不能简单地将审判权的"独立"行使等同于"孤立"行使，将"去行政化"等同于"去管理"。"没有任何监督怎么行？中国法官队伍多是师父带徒弟，一茬茬带出来的，你一下子拿掉他的拐杖，让他独立去行走，会出问题。"

改革成果一旦失陷于明显的体制漏洞，将授人以柄，甚至使改革归零，"那我们就是历史罪人了！"

司法体制改革从起步到今天，始终伴随着激烈的争论。各种声音、各种意见，一浪又一浪扑向身处改革前沿的划桨手。

邹碧华们面对一个环环相扣、互相掣肘的死循环：法院地位不高，法官专业化程度不够难以承担独立审判责任，法官待遇太低留不住人才，法官队伍庞大，司法腐败，审判层层审批环节太多……

退一步是悬崖，进一步是峭壁。

但邹碧华从不抱怨。

司法体制改革很复杂，非法院、检察院一家能单兵突进，它涉及政府各个部门。法官待遇要提高，提高多少，作为操盘手，邹碧华得去争取，有时要看冷脸子。若争取不到位，圈内人也不理解，觉得工资没增加多少，人数却减了，责任又加码，很多基层法官就有怨言，有的甚至会打电话骂上门：你搞的是什么改革？

同在法官微信群,何帆有时受不了冷言冷语,会驳回去。而邹碧华总是平和有礼,总是说您的问题上海也注意到了,下一步会考虑,还说改革就是一点点拱出来的,要有拱卒子的精神。

"让我特别感到难能可贵的是,碧华从不计较个人得失。在工作分工、职务升迁上,每当我征求他意见的时候,他总是说服从组织安排,以工作需要为重。"崔亚东回忆。

至今,崔亚东的手机里还保留着邹碧华发给他的一条短信:"我觉得司法体制改革和信息化是真正能够改变中国法院的两大领域。如果这两年能抓紧干出模样来,也算对得起党,对得起自己的人生。个人上不上台阶不重要。"

每谈司改,邹碧华就精神抖擞,很少有人看出他的身体已经严重透支。

2014年4月的一天,最高院院长周强到上海调研,邹碧华介绍上海信息化建设最新进展。天并不热,邹碧华却满头大汗。贺小荣问他怎么了,他悄悄说:"昨晚一夜没睡,做汇报PPT。"

那天,周强院长问邹碧华,你在美国呆过,英语好,能不能用外语到央视去讲讲中国法院?邹碧华说:"可以的。"贺小荣眼前一亮,这将是中国法官第一次用外语对外讲述自己的法院,值得期待。

贵州省高院院长孙潮也看出了邹碧华的疲累。这年8月,贵州省司法体制改革领导小组来上海考察交流,在座谈现场,邹碧华担纲授课,"现在回想起来，碧华当时精神虽饱满，脸色却苍白得几乎没有血色。几欲提醒他注意身体，却始终没有开口，至今愧赧。"

曾任中共上海市闵行区委书记的孙潮与邹碧华相交已久。"在他去世的前几天，我们还在一起商量如何帮助贵州法院推动司法体制改革。那一天，我将赴南京调研，他前来送站，我们匆匆聊了十几分钟，未及尽兴，但他对司法体制改革的思考给了我很大启发，也商定他于一周后来贵州给法官们授课。不料就此一别，却成永诀。"

改革走到今天，碰到的全是"硬骨头"，不再是人人击掌叫好的普惠改革。不管在哪个领域，改革者遭遇的挑战，必是一场触动既得利益的深层变革。利益多元，挑战频出，改革除了靠中央自上而下的顶层设计和强力推进，还要依靠众多默默无闻的"邹碧华"，在改革一线大胆创新、担当责任，逐一破解改革的具体难题。

然而，"你使许多事情发芽，自己却被冬天拂去如落叶"。

去世前一天晚上，邹碧华打电话给儿子邹逸风，祝贺他 21 岁生日快乐，和他谈起自己 21 岁时，在上海一家一家单位敲门投递简历的往昔岁月。

"他说，这里面有很多故事，下次有机会跟我细说。"没想到，这次通话却成为他留给儿子的最后温情记忆。

短暂的 47 年人生，邹碧华带走的，又是怎样的记忆？

2012 年 4 月 10 日、11 日,邹碧华曾在自己的博客上接连写下两篇文章。

一篇《我们的慰藉在哪里》,是他阅读英国作家德波顿《哲学的慰藉》的感想。邹碧华写道:

书中介绍的另一位哲学家叔本华说:"倘若一个人着眼于整体而非一己之命运,他的行为就会更像一个智者而非一个受难者了。哲人之为哲人,就在于看到了整个人生的全景和限度,因而能够站在整体的高度与一切个别灾难拉开距离,达成和解"。

这种情况下,我们所获得的慰藉,才是真正的慰藉。当我们能够以一种理解的宽容的眼光看待世界的时候,我们也就获得了世界的理解和宽容。

另一篇《同学聚会后的一点感悟》,是邹碧华在中学同学聚会后返沪途中写下的。在文章结尾他写道:

生命中最为可怕的,不是青春的流逝,比那更可怕的,是生命热情和诗意向往的流逝。我们已经开始步入到人生的平和、稳定、闲逸和满足的时期,这个阶段,应该开始细细品味人生的韵律之美,像欣赏交响曲一样去欣赏人生的起起落落。

林语堂说过:"我们对于人生可以抱着比较轻快随便的态度:我们不是这个尘世的永久房客,而是过路的旅客。一般人不能领略这个尘世生活的乐趣,那是因为他们不深爱人生,把生活弄得平凡、刻板，而无聊。人生真是一场梦，人类活像一个旅客，乘在船上，沿着永恒的时间之河驶去。在某一地方上船，在另一个地方上岸，好让其他河边等候上船的旅客。"

我们大家仍然在人生这条大船上，那么就让我们一起共同欣赏两岸的风景。

……

我们知道，深爱着这个世界的邹碧华，他 47 年生命记忆一定是充盈着爱与幸福！

中国法治建设正迎来最好历史机遇

记者:李泓冰

　　　　郝　洪

访谈人物:何勤华

　　去年底,上海高院副院长、司法体制改革办公室主任邹碧华骤然辞世,网上网下哀思如潮。人们对邹碧华的怀念,不仅因为他个人的优秀,还因为他生处司法体制改革大时代,勇立改革潮头。

　　喷涌而出的纪念文字不仅是邹碧华人生的真实写照,也是这个改革时代的隐喻。

　　江苏省高院院长许前飞写道:"追思亡灵,追思者往往会借机抒发内心的某种情绪。法官对他的悼念,既有痛失同侪的惋惜,亦不乏同舟共命的悲怆。而律师对他的悼念,除了表达对同行的敬意之外,还隐含着对当前执业环境的深深忧虑。其实,无论法官还是律师,在追思亡灵的同时,我们每个人都在检视自己。在我们的潜意识中,悼念邹碧华又何尝不是在悼念我们自己? 我们不正是在痛惜那些已经死去的和正在死去的法律人的职业精神和职业品格么?"

律师陈有西写道:"一人逝而众人哀,不唯哀斯人之早逝,亦哀法治之多艰。斯人以一介书生,学高而不矜,权重而下士,身前与身后,司法者与执业者,交口称赞,一片哀声,实乃法律人中的异数。"

"邹碧华现象"促使我们思考,在经历了 60 多年的跋涉探索之后,今天,我们怎样继续我们的法治建设? 如何才能享受法治给我们带来的自由和心灵愉悦?

我们邀请华东政法大学校长何勤华,请他和我们梳理一下新中国 60 多年来的法治进程,如何理解司法现代化,以及司法现代化之于我们每个人的意义。

记者:新中国成立后,我国法治建设曾长期在挫折中前行,如何评价过去 60 多年来中国的法治进程?

何勤华:我们国家法治走了一个否定肯定、再否定再肯定的曲折之路。

新中国成立后,1949 年 2 月,我们党废除了国民党的"六法全书";1954 年宪法第 78 条又明确规定"人民法院独立进行审判,只服从法律",法治又受到了肯定;1957 年反右派斗争、1958 年"大跃进"以及之后的"文革"对法治又进行否定和批判;直至 1978 年党的十一届三中全会召开,法治重新得到肯定。

记者：1954年9月20日，第一届全国人民代表大会第一次会议通过、颁布《中华人民共和国宪法》。这是中国第一部社会主义宪法，舆论对这一宪法评价普遍比较高，被指"至今仍闪烁着耀眼的光芒"。

何勤华："五四宪法"是以中华人民共和国成立前夕颁布的《中国人民政治协商会议共同纲领》为基础，又是《共同纲领》的发展。该宪法除序言外，分总纲、国家机构、公民的基本权利和义务以及国旗、国徽、首都，共4章106条。

当时，中央人民政府成立了由32人组成的宪法起草委员会，毛泽东亲自担任委员会主席。这个委员会的成员构成非常广泛，除了政治局委员，各民主党派代表，还包括了科学家、文学家、艺术家。后来又成立了宪法起草小组为宪法起草的核心，成员四人：毛泽东、陈伯达、胡乔木、田家英。1953年12月27日，毛泽东带领宪法起草小组，也就是自己的三位秘书，前往杭州亲自起草宪法。宪法起草小组在杭州的宾馆里住了两个月，一天都没出去，一条一条修改。

"五四宪法"还在根本法意义上确认了新中国的民主制度。"中华人民共和国的一切权力属于人民。人民行使权力的机关是全国人民代表大会和地方各级人民代表大会。全国人民代表大会、地方各级人民代表大会和其他国家机关，一律实行民主集中制。"

当时对法治的观点还是比较先进的。比如，"五四宪法"第78条规定："人民法院独立行使审判权，只服从法律。"到了"八二宪法"第126条：

"人民法院依法独立行使审判权,不受任何行政机关、社会团体的干预"。从形式逻辑上看,"五四宪法"强调"只服从法律",强调了法律的绝对地位。"八二宪法"是列举式的"不受任何行政机关、社会团体和个人的干预",其所要列举的对象永远不可能穷尽。

记者: "五四宪法"不长,但规定了公民广泛的权利和自由。诸如,中华人民共和国公民在法律上一律平等;中华人民共和国年满十八岁的公民,不分民族、种族、性别、职业、社会出身、宗教信仰、教育程度、财产状况、居住期限,都有选举权和被选举权;等等。

何勤华: 是的,但宪法的精神很快就被否定掉了。轻视法治、漠视法治是不断向前演进的。

1957 年开始反右派斗争,法治成为右派言论之一。1958 年"大跃进",法律虚无主义进一步盛行,该年 9 月,就将华东政法学院撤销了。到了 1959 年,司法部、监察部、国务院法治局统统被撤销。当时,阶级斗争天天讲,法律根本没有什么作用。

1959 年 4 月 28 日,第二届全国人民代表大会第一次会议通过决议撤销司法部,其理由是,"司法体制改革已基本完成,各级人民法院已经健全,人民法院的干部已经充实和加强,司法部已无单独设立必要"。自此,法院司法行政工作移转归法院管理,从中央到地方,司法行政工作与审判工作的"分立制"被改变为"合一制"。

也正是在那次会议上,刘少奇当选为国家主席。1966 年冬,刘少奇被隔离、批斗。1969 年,重病中的刘少奇被裹在一床被子里运往河南开封"监护",同年 11 月,含冤逝世。

从那时起,一直到"文化大革命",中国的法治受到了极大的破坏。

记者:改革开放之后,中国迎来了一个"立法流金岁月"。从 1978 年到 1988 年 10 年中,全国人大起草了大约有百余部法律,法律面前人人平等也被重新写入宪法。

何勤华:1978 年,党的十一届三中全会召开,12 月 24 日,《人民日报》刊登了公报。当时,我在北大读书,法律系传达了党的十一届三中全会的精神。公报提出:"为了保障人民民主,必须加强社会主义法制,使民主制度化、法律化,使这种制度和法律具有稳定性、连续性和极大的权威,做到有法可依,有法必依,执法必严,违法必究。""从现在起,应当把立法工作摆到全国人民代表大会及其常务委员会的重要议程上来。检察机关和司法机关要保持应有的独立性;要忠实于法律和制度,忠实于人民利益,忠实于事实真相;要保证人民在自己的法律面前人人平等,不允许任何人有超于法律之上的特权。"

我们听了都很振奋。公报有些内容当时在公开出版物上是看不到的,只有一些法律教授在课堂上会和我们讲。比如,我们现在"必须使民主制度化、法律化,使这种制度和法律不因领导人的改变而改变,不因领导人的看法和注意力的改变而改变"。

到 1980 年,《邓小平文选》出版以后,我们才发现,原来这都是邓小平的原话，是他在《解放思想，实事求是，团结一致向前看》的讲话中提出的。他还总结提出了上述"有法可依，有法必依，执法必严，违法必究"的十六方针。这一方针成为我国法制建设的基本要求。

党的十一届三中全会是一个非常重要的节点。此后，中国法治建设进程开始加快。

1979 年五届全国人大二次会议上，我们一下子推出了七部法律：《刑法》、《刑事诉讼法》、《地方各级人民代表大会和地方各级人民政府组织法》、《全国人民代表大会和地方各级人民代表大会选举法》、《人民法院组织法》、《人民检察院组织法》以及《中外合资经营企业法》。

记者：这是法治春天来了。当时社会的争论还是很激烈的吧。中国有着几千年封建统治的历史，司法的概念引入也比较晚，本身就没有根植社会。尤其又刚刚从"文革"的梦魇中走出来，权力意识、官本位意识是根深蒂固的。

何勤华：20 世纪 70 年代末、80 年代初，有过一次"人治"、"法治"大讨论，讨论规模之广、参与学者之众，为法学史上罕见，像华罗庚、于光远等数学家、经济学家都参与了讨论。这次讨论辨明了很多认识上的误区。

主要有三个观点，一是中国再也不能搞"人治"了，必须要依法治国；二是"人治"、"法治"要结合，法律是要靠人去执行的；三是"人治"、"法治"是中国古代的一种提法，讨论它们已经没有现实意义，我们建设"社会主义法制"就行了。

经过讨论以后，绝大多数人认同，要依法治国，要搞社会主义法治。当时邓小平就强调："民主和法制，这两个方面都应该加强，过去我们都不足。要加强民主就要加强法制，没有广泛的民主是不行的，没有健全的法制也是不行的。"这是他在会见日本公明党第八次访华团时说的。

其实，早在 1978 年底，邓小平在其著名的《解放思想，实事求是，团结一致向前看》的讲话中，第一次明确提出："为了保障人民民主，必须加强法制建设。"

记者：到了 1992 年年初，88 岁高龄的邓小平南方讲话，直接提出"要坚持两手抓，一手抓改革开放，一手抓打击各种犯罪活动。这两只手都要硬。打击各种犯罪活动，扫除各种丑恶现象，手软不得。"他还谈道："对干部和共产党员来说，廉政建设要作为大事来抓。还是要靠法制，搞法制靠得住些。"

何勤华：对，这也是个重要节点。此后，行政法律系列出台。1996 年的《行政处罚法》在我国法律制度中首次引入了西方国家的听证制度，对以后有关行政的立法产生了广泛的影响。1996 年以后，《行政监察法》、《行政复议法》、《立法法》、《行政法规制定程序条例》等相继出台。

还有一个值得关注的重要节点是，1996 年 2 月 8 日，中共中央政治局听取了关于"依法治国、建设社会主义法治国家理论和实践"的讲座。

法学家进中南海给领导讲课，首讲是 1994 年 12 月 9 日。当时，国家要加入 WTO，要了解国际游戏规则、法律风险。时任华东政法学院国际法系系主任的曹建明教授是搞国际经济法的，他精心准备，一炮打响，开了中央领导听法学专家讲座的先河。

1996年2月8日那一讲是第三讲。当时讲课的人是中国社科院法学研究所老所长王家福。王家福是民法专家，对法治也有思考，也是一炮打响。

记者：后来有报道提及，王家福在他的回忆文章中说："1996年2月8日，还是在中南海怀仁堂，还是围坐在那长椭圆形的会议桌旁，我围绕依法治国、建设社会主义法治国家是建设中国特色社会主义伟大事业的根本大计；依法治国、建设社会主义法治国家必须具备的条件；依法治国、建设社会主义法治国家是一个渐进的历史发展过程；加强和改善党的领导，为依法治国、建设社会主义法治国家而奋斗四个方面进行了讲座。"

何勤华：这次讲座实际上对后来的党的十五大报告的起草的一次准备，是一次在中央最高层的很重要的铺垫、酝酿和理论探索。

1996年11月到1997年9月，王家福参加党的十五大报告的起草工作。从报告起草的自始至终，关于依法治国、建设社会主义法治国家的表述和论述就一直出现在报告稿中。

1997年9月，党的十五大开幕，报告中明确地指出："依法治国，是党领导人民治理国家的基本方略。"

1999年宪法修订，王家福也参与修订。

也是这段时期，"法制"改为"法治"。按照我们中国汉字的解释，"治"

的三点水旁有很多意象。平治如水，法律是公平公正的体现；也有一种解释，水代表老百姓，既能载舟亦能覆舟，法治国家是代表人民的法治国家。

记者：从党的十五大开始，我国法治建设迈入一个新的历史时期。党的十五大报告中高度概括了依法治国的基本内涵，再度提出民主制度化、法律化不以人的意志为转移，引用了邓小平在1978年末的著名讲话："依法治国，就是广大人民群众在党的领导下，依照宪法和法律规定，通过各种形式和途径管理国家事务、管理经济文化事业、管理社会事务，保证国家各项工作都依法进行，逐步实现社会主义民主的制度化、法律化，使这种制度和法律不因领导人的改变而改变，不因领导人看法和注意力的改变而改变。"

何勤华：是的，进入21世纪之后的15年，应该是"依法治国"理念不断丰富完善的15年。

党的十五大报告明确提出："实行依法治国，建设社会主义法治国家"；九届全国人大二次会议将"依法治国"载入宪法，使"依法治国"转化为国家意志；党的十六大报告指出"要把坚持党的领导、人民当家作主和依法治国有机统一起来"；党的十七大报告将深入落实依法治国基本方略列入全面建设小康社会奋斗目标的新要求。

党的十八大报告提出"全面推进依法治国，加快建设社会主义法治国家"；党的十八届三中全会决定指出"紧紧围绕坚持党的领导、人民当家作主、依法治国有机统一深化政治体制改革，加快推进社会主义民主政治制度化、规范化、程序化,建设社会主义法治国家,发展更加广泛、更加充分、更加健全的人民民主",将依法治国方略提高到一个新高度。

党的十八届四中全会召开,标志着法治建设迎来了新中国历史上最好的一个机会。党的十八届四中全会更是我们党历史上第一次召开全会专题研究依法治国问题,提出的各项措施力度空前。这个机会来之不易。

记者:对这一轮司法体制改革,您最关注的是什么?

何勤华:上海的司法体制改革方案有五个方面的改革内容。司法体制改革就是要将阻碍司法公正的要素一点点排除掉,重树司法公信力,这是司法体制改革的终极价值。

公信力确立本身需要权威,司法本身应该是公平正义的最后一道防线,但在我们的社会现实中,它并不是最后一关。有人在法院判决后继续上访、闹访,闹得厉害的,就得益。或者行政干预司法。在这样的条件下,司法公信力如何确立,权威如何树立? 所以,我最关注的第一个就是去行政化,也就是如何保证审判独立、检察独立。

司法的概念在中国古代是没有的,我们过去叫衙门,审判是衙门问审。西方的司法权是从立法机构出来的,苏格拉底被判死刑是在 5 000多人参加的民众大会(陪审法庭)上,立法机关议事规则是民主,是多数决,其基本价值是倾听多数人的意见。但中国古代的司法权是从行政权中演化出来的,中国古代没有立法机构,没有议会,也没有独立的法院,司法权是和行政机构包含在一起的,我这个知县、知府,平时处理行政事务,有案件就审案。这就使得中国的司法权天生就有行政特色。

行政机构和司法机关的最大区别是,行政是属于首长负责制的,他一个人说了算,他要讲究效率,和议会的民主的多数就不一样。所以,现在我们中国司法机关最难的问题就是去行政化。

司法去行政化包括两方面内容:检察院、法院的机构独立;法官、检察官个人的独立审判、独立办案;以及如何保障法官、检察官的独立,即司法保障的问题——法官的荣誉、法官的严格遴选程序、很高的待遇以及终身制,这些方面能不能够保障。

司法体制改革特别提出法官"职业化、专业化",我非常赞成,好的法官不仅在于对民众如何热情服务,更在于他的高超办案能力和专业化水平。

记者:司法机关地位提高了,权威公信力提升了,社会怎么监督?怎么来防止司法权力滥用?

何勤华:对司法机关可以有三个监督。

一是检察机关的监督。

我们现在要强调赋予检察机关审判监督的职能,这是内部的监督。

二是外部的监督。

司法不公最主要是体现在刑事案件上,因为它带来的后果特别严重,如呼格案。中国唐朝的时候就有三录囚、五录囚的制度。刑部审好以后,要有御史大夫这个机关来二次问审,核对一遍;然后,皇帝再问,皇帝问了之后,这个案子再放 3 天,皇帝再看一次,再问一次,以尽量避免冤案错案的出现,今天这个监督权能否开放给人大,加强人大对审判权的监督?

三是社会的监督,关键就是审判流程公开,程序公开透明。

记者:您前面谈到我们法治建设道路之曲折,在否定、肯定中迂回。此轮司法体制改革历史机遇难得,需要抓住这个改革窗口期,如何从保证改革不走回头路?

何勤华:现在很多改革是跟人转的。司法体制改革避免不了不断的小修小补,我们希望能针对现状,探索出最优的思路,主要还要看顶层设计的决心。

此外,我们还需要一批像邹碧华这样的敢负责,也有底气、有胸怀担当的改革者。优秀的法律人应当具备这样三种素养:一是精湛夯实的法律功底;二是追求社会公平正义的法律品格;三是人民利益至上的价值观和爱家爱国情怀。

图书在版编目(CIP)数据

"燃灯者"邹碧华/李泓冰,郝洪编著.—上海:
上海人民出版社,2015
ISBN 978-7-208-13164-4

Ⅰ.①燃… Ⅱ.①李… ②郝… Ⅲ.①邹碧华
(1967~2014)-先进事迹 Ⅳ.①K825.19

中国版本图书馆 CIP 数据核字(2015)第 156943 号

责任编辑　周　峥　鲍　静
封面设计　零创意文化

"燃灯者"邹碧华
李泓冰 郝洪 编著
世纪出版集团
上海人民大出版社出版
(200001　上海福建中路 193 号　www.ewen.co)
世纪出版集团发行中心发行
上海商务联西印刷有限公司印刷
开本 720×1000　1/32　印张 13.5　插页 2　字数 128,000
2015 年 11 月第 1 版　2015 年 11 月第 1 次印刷
ISBN 978-7-208-13164-4/K·2400
定价 35.00 元